世にもふしぎな化け猫騒動

今井秀和＝訳・解説

角川文庫
22263

目次

はじめに

猫はかわいい。その前提があるからこそ、現代の妖怪《ようかい》キャラクターでも『ゲゲゲの鬼太郎』の「猫娘」や、『ポケモン』で「ばけねこポケモン」に分類される「ニャース」、そして『妖怪ウォッチ』の「ジバニャン」はいずれも、どこかキュートに描かれています。

しかし前近代の日本における猫は、「かわいい」と同じくらいに――いや、それ以上に――「こわい」存在でもありました。読み物や芝居の台本などの創作から、「実話」として記録されたものに至るまで、日本の古典には猫に関する怪談奇談が数多く存在します。そして、それらの物語には、それぞれの時代に抱かれていた猫のイメージが投影されているのです。

猫の妖怪といえば「猫又」と「化け猫」が有名ですが、意外なことに猫又は中世以降、化け猫に至っては江戸期にならないと資料に出てきません。さらに驚くべきことには、古代の『古事記』や『日本書紀』、『万葉集』などには猫の記述が一切ありません。怪異を為《な》す猫どころか、猫そのものについての記録がないのです。

古代も後期、つまり平安《へいあん》時代になってから、ようやく『日本霊異記』に猫に関する記述が登場します。これは日本における猫の初出であると同時に、人が猫に生まれ変わるという不思議な話でもありました。猫の転生譚《たん》は、その後『源氏物語』や『更級日記』を経て、江戸《えど》期に至るまで創作と噂話の両方で語られることになります。

いわゆる「猫の妖怪」的な存在が文献にはじめて出てくるのは、平安末期に記されたとされる歴史書『本朝世紀』です。ここでは「猫」という名の野生の獣が、人を食うものとして記されています。その後、中世に至ると、たびたび山猫や大猫などの噂が書き残されるようになります。満を持して「猫又」の名称が登場するのは藤原定家《ふじわらのていか》『明月記』で、それ以降、猫又はイメージの変化を遂げつつ、猫妖怪のスターティングメンバー入りを遂げます。

猫又と類似しつつも、江戸期にあらわれた新顔が「化け猫」です。その最大の特徴は、人に化けるということ。もちろん、とくに化けるエピソードの含まれない化け猫話もありますが、江戸期の化け猫にあって中世の猫又にない最大の特徴が、人に化けるというものでした。

化け猫といえば、人に化けて悪さをするとか、後ろ足で立ち上がりつつ頭に手拭《てぬぐ》いを被《かぶ》って踊るとか、行燈《あんどん》の油を舐《な》めるとかいった特徴が知られています。これらも全て、江戸期にイメージの成立を見たものです。そして江戸期には次第に猫又と化け猫に関するイメージの相互乗り入れが激しくなり、段々と、両者を明確に分けることが困難になってきます。

さて、江戸期の猫怪談は、古代、中世の影響を強く受けつつ成立してきました。江戸期における猫怪談には、陰惨さが強調された恐ろしいものもたくさんあります。その一方で、猫の奇妙さや不思議さが強調された話も色々とあります。たとえば、近代以降も各地の伝承として残されるような、猫が飼い主に恩を返すタイプの話が数多く記録されたのも、江戸期のことでした。

本書では日本の古典文学を中心に、歴史書、日記、随筆、地誌や戯作《げさく》など、様々な資料の中から集めてきた、猫にまつわる不思議な話を現代語に訳して紹介していきます。話の内容をもっと深く理解したいときには、それぞれの訳文に付けておいた語注や解説が役に立つはずです。

第一章「しゃべる猫」は、猫怪談の面白さを知るためのウォーミング・アップ。まずは肩の力を抜いて、猫怪談の宝庫である江戸期の随筆から拾い出してきた、いくつかの短い噂話をお楽しみください。

第二章「古代・中世の猫」では、日本の文献における猫の初出から、中世に至るまでの猫怪談が、おおむね時系列で登場します。

第三章「江戸期の猫」では、江戸期に各地で花開いた多種多様な猫怪談を、とくに時系列にはこだわらずアラカルト形式で散りばめました。

本書に収録したひとつひとつの話は、比較的、短いものばかりです。順を追って最初の話から読んでも結構ですし、目次を眺めて、気になった話から読んでみても問題ありません。どうぞお好みでお召し上がりください。

――おや、「ねうねう」という幽《かす》かな鳴き声が、これから始まる物語の行間から聞こえてきましたよ。こわくてかわいい奇妙な猫たちの生態を追って、さっそく文学史の路地裏へと探検に出かけましょう。お腹を空《す》かした化け猫に食われることのないよう、身代わりにする小さな手毬《てまり》も忘れずに。

I　しゃべる猫

解説　しゃべる猫　——猫怪談のエッセンス——

日本の怪談奇談における猫たちは、現実にいる猫の生態とは異なる様々なことをしでかします。その代表的な行動を紹介すれば、——喋《しゃべ》る、踊る、（人に）化ける、（人を）食べる——といったものです。

しかし、これらのうち、人を食べる以外の特徴があらわれるのは江戸期以降のことのようです。つまり、現代日本人がなんとなく「化け猫」として認識しているイメージの多くは、江戸期に出来上がったものなのです。

そこで、内容的には興味深いものの、一般には馴染《なじ》みの薄い中世以前のふしぎな猫たちを眺める前に、江戸期の猫怪談からいくつかの話をピックアップしてみました。まるで人間のようにおしゃべりをする猫たちの話を通して、まずは日本における猫怪談のエッセンスに触れてみてください。

猫、ものを言うこと ——『耳袋』より——

寛政《かんせい》[1]七年（一七九五）の春、牛込山伏町《うしごめやまぶしちょう》（現在の新宿区《しんじゅく》市谷山伏町《いちがややまぶしちょう》）の何とかいう寺院で、猫を大事に飼っていた。鳩が庭に下りて気持ち良く遊んでいるところを、この猫が狙いすましている様子だったので、和尚はわざと大きな声をかけて鳩を逃がしてやった。

　すると猫が「残念なり」と口をきいたので和尚は大いに驚き、勝手の方へ逃げるのを取り押さえて短刀[2]を握り締めつつ言った。「汝《なんじ》、畜生[3]にしてものを言うとは奇怪千万である。まったく、化け物であったか……人をも誑《たぶら》かすに違いない。いったん人語を為《な》した以上は、正直に白状すべし。もし否めば、拙僧は殺生戒[4]を破っても汝を殺《あや》めることになる」

　こう憤って告げたので、その猫は答えた。「猫がものを言うことは私どもに限らず、十年余りも生きれば、全て喋るものです。さらに十四、五年も過ぎれば神変[5]を得るようになります。しかしながら、それだけの長命を保つ猫はまずいません」

猫が正直に喋ったので、和尚は「それならば、汝がものを言うわけは分かった。だが、未《いま》だ十年の年を経ていないのはどういうことか」と尋ねた。すると、「狐と交わって生まれた猫は、その年数に達していなくても、ものを言うことができるのです」と答えた。

そこで和尚は、「そうか。今日、汝がものを言ったことは拙僧のほかに誰も聞いていない。今まで飼い置いていたのだから気にすることはない。これまで通りここにいるがよい」と告げた。猫は和尚に対して三拝[6]すると出て行ったが、その後、どこへ行ってしまったものかすっかり見かけることがなくなった。そう、この寺の近くに住む人が語った。

1 何とかいう寺院　原文「何とか言へる寺院」。詳細不明。
2 短刀　原文「小束」（こづか）。小柄（こづか）は日本刀の鞘に付けられた短刀。また、単体の短刀を指して小柄と呼ぶこともある。
3 畜生　畜類とも。野生の獣や家畜のこと。
4 殺生戒　仏教用語。生き物を殺すことを禁じる戒律。
5 神変を得る　霊妙な変化の力を手に入れる。
6 三拝　三度、拝礼すること。また、何度も頭を下げること。

【解説】

『耳袋《みみぶくろ》』巻四「猫物を言ふ事」より。『耳袋』（『耳嚢』）は、南町奉行などをつとめた根岸鎮衛《ねぎしやすもり》による、怪談奇談や俗信を多く含むことで知られる随筆。天明《てんめい》から文化《ぶんか》にかけての三十数年間にわたり書き継がれた。当時から人気を集め、多くの写本が作られた。

平凡社東洋文庫、岩波文庫（新・旧）など複数の翻刻があるが、岩波文庫（新版）の底本であるカリフォルニア大学バークレー校所蔵の十巻本（旧三井文庫）が最も充実した内容を持つものと考えられている。

本書でも紹介する中世の『古今著聞集』や江戸期の『古刀銘尽大全』に収められたものなど、猫と刀が関わる説話は少なくない。

猫と刀と言えば、もっとも有名なのが中国唐《とう》代の高僧、南泉普願（七四八―八三五）にまつわる禅の公案「南泉斬猫」（南泉、猫を斬る）である。これは宋《そう》代（九六〇―一二七九）の仏教書『碧巌録』や『無門関』に載るもので、日本でも広く知られていた。

南泉の弟子である僧たちが、小猫をめぐって何かを言い争っていた。そこにあらわれた南泉がこの状況を憂い、この有り様を一言で示してみよ、さもなくば猫を斬るぞ、と叱りつけた。弟子たちが黙っていると南泉は小猫を一刀両断した。その晩、寺に帰ってきた趙州という弟子はこの話を聞くと、履いていた草履を脱いで頭に乗せ、黙って部屋を出て行った。これを見た南泉は、趙州があの場にいればむざむざ猫を斬ることもなかったものを、と嘆息したという。

禅の公案なので一見しただけではその意味するところが分からず、ここでも筋の通った解釈を示すことはできない。しかし「南泉斬猫」がその難解さや衝撃的な展開から、日本でもよく知られた公案であり、猫と刀がイメージ上の関連性を有していたことだけは確認しておきたい。『耳袋』における本話は、直接、猫に問いかけている点で「南泉斬猫」とは異なるものの、僧侶《そうりょ》が相手に対して、質問に答えなければ猫を斬ると述べていることは共通する。本話は化け猫をめぐる話に、公案「南泉斬猫」の要素を紛れ込ませたものであったかと思われる。

また本話は、狐と猫の間に生まれた小猫は年数を経なくても人語を解する、としている。両者の関係が深いというのは、江戸期の文献にたびたび見られるものである。たとえば、西田《にしだ》直養《なおかい》の随筆『筱舎漫筆《ささのやまんぴつ》』には、猫が二本足での歩き方を狐に習うという話が載る。

安倍晴明《あべのせいめい》撰《せん》とされるが実際には中世に成立した陰陽道《おんみょうどう》書『三国相伝陰陽輨轄簠簋《さんごくそうでんいんようかんかつほき》内伝金烏玉兎集《ないでんきんうぎょくとしゅう》』の注釈書であり、江戸初期には成立したとされる『簠簋抄《ほきしょう》』には、安倍晴明の両親が常陸国筑波《ひたちのくにつくば》山麓《さんろく》の「猫島《ねこしま》」（現在の茨城県筑西《ちくせい》市猫島）という地に住む人間の男と、雌の狐だという記述がある。これも狐と猫との関係性の深さに関わる設定であった可能性がある。戯作《げさく》では、山東京山《さんとうきょうざん》作、歌川国芳《うたがわくによし》画の合巻『朧月《おぼろづき》猫草紙《ねこのそうし》』に、狐に誘われた猫が山に入って山猫になるという記述がある。

『耳袋』には本話のほかにも「猫の怪異の事」（巻六）、「古猫奇ある事」（巻七）、「猫の怪の事」（巻九）、「古猫に被害し事」（巻九）、「猫の怪談の事」（巻九）、「猫忠死の事」（巻十）などの猫怪談が収録される。これらのうち、本話の類話である「猫の怪異の事」（巻六）については、続けて紹介することとしたい。

猫、もの言わぬこと ――『耳袋』より――

猫の怪異のこと。

番町[1]辺りの、とある武家屋敷での出来事らしい。この屋敷では猫を飼うということがなく、家臣たちは鼠が家を荒らすのに困っていた。ある人がこの屋敷の主人に、なぜ猫を飼わないのですかと訊《き》いた。すると主人は、「それにはいささか理由があるのですが、大声で話すのも憚《はばか》られることなので黙ってきたのです。今は、たってのお尋ねですので敢《あ》えてお話し申しましょう」と前置きして語り始めた。

「祖父が我が家の主人をつとめる頃のことだったといいます。この家に、長いこと飼っていた猫がおりました。ある時、縁側の先に雀が二、三羽いたのを、この猫が狙って飛び掛かりました。雀が素早く飛び去ると、この猫が子どものような口調で「残念なり」と言ったのです。主人は驚いてこの猫に飛び掛かって押さえ付けると火箸《ひばし》[2]を突きつけ、「おのれ畜生の分際でものを言うとは怪しいこと」と言って、すぐさま殺しかねない勢いで怒りをあらわにしました。

するとこの猫がまた声を出して「ものを言ってなどいないのに[3]」と喋ったので、主人は驚いて手を緩めてしまいました。この機会を見澄ました猫は飛び上がって逃げ、それっきり行方知れずになったといいます。こうした次第があり、これ以降我が家では決して猫を飼ってはいけないと言い伝えられ、今もって固くその戒めを守っているというわけです」

1　番町　旗本のうち将軍の警護を行うものたちを大番組といい、その居住区が番町と呼ばれた。
2　火箸　火鉢などに入れて使う、火の付いた炭を摑むときに用いる鉄製の箸。
3　ものを言ってなどいないのに　原文「物言ひし事なきものを」。

【解説】

『耳袋』巻六「猫の怪異の事」より。先に紹介した『耳袋』巻四「猫物を言ふ事」の類話である。鳥を捕まえ損ねた猫が「残念也」と言い、それを聞いた主人が、獣がものを言うこと奇怪として取り押さえるところは、類話と一緒である。しかし話の舞台（寺院／武家）、猫の主人（僧侶／武士）、猫の回答（猫が喋ることについての詳細な説明／喋っていないという弁明）、猫の最後（三拝して寺を去る／屋敷から逃げ出す）等の設定が異なる。

　また本話では、ものを言った猫が直後に「物言ひし事なきものを」と畳みかけ、人間を驚かせて逃げおおせている。そうした意味では、『耳袋』巻四「猫物を言ふ事」のほうがシンプルな構成であり、そのような話にさらなる細工を施したのが本話というように考えることも可能ではあるが、実際の影響関係は不明というほかない。

　さらに、本書で紹介した『耳袋』の二つの話には、直接か間接かは分からないものの、中国の説話からの影響を認めることができそうである。たとえば宋代の彭乗撰『続墨客揮犀』には、そこら中の動物や器物が人のような行いを為したとき、ある人が、唯一怪しいことをしないのはうちの猫だけだと言うと、「あえて喋らないのだ」と語ったという話がある。また清《しん》代の閑斎著・蘭岩評閲『夜譚随録』には、人語を為した猫が飼い主に折檻《せっかん》され、「本当はどの猫も喋れるものなのです」と白状した話が載る。

　江戸期に一応の「実話」として出回っていた世間話（噂話）の多くが、日中におけるこうした同工異曲の類話を持つ物語であった。逆に言えば、舞台設定その他の細部は、語り手と聞き手の間でリアリティを醸成するための、交換可能なパーツでもあった。世間話の多くは、語り継がれ、書き継がれることで徐々に変容し、またバリエーションを増やしていったのである。

淋しい夜　――『谷の響』より――

文化年間（一八〇四―一八一八）の終わり頃、私の親戚《しんせき》に、いつも猫を可愛がって育てている伊藤某《いとうなにがし》[1]という人がいた。

それは十月の中旬のことであった。風がすさまじく吹き騒ぎ、木の葉は雨のごとくに落ちて、なんとも恐ろしい雰囲気が漂う夜、伊藤某はひとり灯火のもとで書物を開いていた。やがて二更（午後十時前後）頃かと思われる頃、猫がへろへろ[2]とやってきて、畳二畳分ばかり隔てたところに座ると、手を前につかえて「さぞ淋《さび》しくおられましょう」と人の如くに喋った。

その声は絹を裂くように部屋の中へと響き渡り、物寂しさは言葉にできないほどであった。伊藤某は猫をキッと睨《にら》みつけると「主人を想うあまり言葉を喋りだすとはよい心掛け。さぁ、ともに語るべし。近くに寄るがよい」と言った。

猫は主人の顔をつくづくと眺めると、たちまち立ち上がってその場を去り、どこかへ行ったまま再び見かけることがなかったという。

1　伊藤某　不詳。「某」は名前をぼかす場合や、名前が明らかでないときに用いる言葉。
2　へろへろ　原文「へろ〳〵」。へなへな、ひょろひょろといった意味を示す擬態語。

【解説】

平尾《ひらお》魯僊《ろせん》『谷の響』巻一「猫の怪　並《ならびに》猫恩を報ふ」による。平尾魯僊（一八〇八―一八八〇）には『谷の響』のほか、『合浦奇談』、『幽府新論』などの著作がある。魯僊は多くの門人を抱えていた絵師だが、のちに平田《ひらた》篤胤《あつたね》の跡を継いだ平田《ひらた》鐵胤《かねたね》に入門して国学者としての一面を持つこととなる。そのため魯僊の著作は、幽冥《ゆうめい》界の存在を信じてその証明につとめようという目的を持っている。

本話は『耳袋』などに収められた話と同様、猫がものを言い、それを聞いた主人の前から姿を消すというものである。ただし本話の場合、猫が自ら進んで主人の前に出て喋るという点が異質である。猫が主人を試し、主人の胆力がそれを上回っていた、という構図が見てとれる。猫がものを言うという同工異曲の世間話であっても、それぞれに特殊性が見られることは面白い。

ここで紹介した話の直後には、手ぬぐいをくわえて歩いているところを家の者に目撃された猫が逃げ出したまま帰ってこなかった話、死人に魅入った猫の話などのほか、他の書物から引用した猫の話などがつづられている。ほかにも『谷の響』には、大きな猫が狭い格子をすり抜けて逃げた話、子猫をカラスに取られた親猫の復《ふく》讐劇《しゅうげき》などが記されている。

また、近代以降に記録された世間話（噂話）にも本話に類似した要素を持つものがある。柳田国男《やなぎたくにお》『遠野物語拾遺』一七四には、ある家で飼っていた虎猫が突然、その家の夫人に「奥様お退屈でしょう」と話しかけると、ちょうどその頃に夫が他《よ》所《そ》で聞いていた浄瑠璃《じょうるり》を語って聞かせたという話がある。ただしこの話は、本話とは大きく異なる結末を持つ。

このように、江戸期に大きく花開いた日本の猫怪談は、文明開化を経ても滅ぶことなく、ときに近代以降の世間話や文学作品にも少なからぬ影響を及ぼしているのである。

Ⅱ　古代・中世の猫

解説　古代の猫

猫は一体いつ頃から日本にいるのでしょうか。長崎県の壱岐島《いき》（壱岐市）にある弥生時代のカラカミ遺跡でイエネコの骨が出土したことから、考古学的には、すでに当時の日本にイエネコが分布していたことが分かっています。

ところが不思議なことに、日本においてまとまったかたちでの文献資料が確認されるようになる古代前期には、猫に関する記述がないのです。すなわち『古事記』、『日本書紀』、『風土記』、『万葉集』からは、猫について一文字の記述も見出《みいだ》すことができません。

では、日本の文献における猫の初出はどこにあるのでしょうか。それは古代後期、具体的には平安時代の初期に編まれた日本最初の仏教説話集『日本霊異記』であるとされています。以降、日本の古典文学でも知名度の高い『源氏物語』や『更級日記』、『今昔物語集』などにたびたび猫に関する記述が為《な》されるようになります。その理由としては、当時、中国から輸入され、珍重されていた愛玩《あいがん》用の「唐猫」の存在をあげることができるでしょう。

一方で、平安末期に記されたとされる歴史書『本朝世紀』からは、人を食らう恐ろしいものとしての「猫」（山猫）の記事を見出すことができます。これは、島《とう》嶼《しょ》地域に分布する今日的な「ヤマネコ」とは異なるもので、イエネコと他の野生動物とのイメージが混ざり合った、想像力の産物であったものと考えられます。平安期にはすでに、〃愛玩動物としての唐猫〃と〃野生動物としての山猫〃という、相反する二つのイメージが成立していたのです。

そして、そうした両極端な二つのイメージが、日本における不思議な猫の物語を永く紡ぎ続けていくことになります。以下においてはまず、おおよそ奈良から平安期にかけての時代を「古代」として括《くく》った上で、その時代に記された様々な書物の中から、ふしぎな猫について記したものを紹介していきます。とは言っても、さきほど述べたように奈良期の文献に猫は出てきませんから、トップバッターは平安初期に成立したとされる『日本霊異記』ということになります。『日本霊異記』には、はたして猫に対する奈良朝的なイメージが継承されているのでしょうか。そうした観点で読んでみても面白いでしょう。

古代における猫は、人知を超えた霊妙な力を持つ生き物として認識されていたようです。そのため、後世に比べると恐い話が少なく、それよりも、ふしぎな話、ちょっと奇妙な話が多いように思われます。

猫に生まれ変わった父 ——『日本霊異記』より——

（あらすじ）——豊前国京都郡《ぶぜんのくにみやこ》（現在の福岡県東部に位置する）の役人である膳臣《かしわでのおみ》広国《ひろくに》は慶雲《けいうん》二年（七〇五）の秋、九月十五日に突然死んでしまった。三日目に息を吹き返すと、黄泉《よみ》の国での出来事を語った。広国はまず二人の者に連れられて黄泉の国の大王のもとへ行った[1]。大王は、広国の亡き妻の訴えにより彼を呼び出したのだと言い、頭から尻《しり》まで釘《くぎ》で貫かれた亡妻と広国とを面会させた。妻は広国の生前の仕打ちに対して恨み事を吐いたが、大王は両者の生前の行動を調べあげた上、彼に罪はないとして放免した。

次に広国が亡き父を訪ねると、父ははなはだ熱い銅の柱を抱かされ、体は三十七本の釘で貫かれ、鉄の鞭《むち》で打たれていた。父は、生前の悪行がたたって責め苦を受け続けているのだという。そして息子に、自分を救うために仏像を造り、お経を書写してくれるよう、それをくれぐれも忘れることのないよう懇願した。そして語ったことには、次のようであった——

私は（死んで一年目のときに）飢えに飢えて、七月七日[2]に大蛇となってお前の家に入ろうとした。しかし、まさにその時、お前は杖《つえ》で私を引っかけると投げ捨ててしまった。また、（二年目の）五月五日[3]に赤い子犬になってお前の家に入ろうとすると、お前は大犬を呼んできてけしかけ、追い払ってきた。そこで、空腹を抱えつつ怒りのうちに帰ったのである。

私が（三年目の）正月一日[4]に、猫[5]になってお前の家に入ったときには、供養のために用意されていた獣の肉や色々なご馳走《ちそう》を存分に食べることができた。ここに至ってようやく、三年越しの飢えを癒《いや》すことが叶《かな》ったのである。

私は兄弟や身分の上下を無視して世の中の理に背いてきた。そのため犬になって貪《むさぼ》り喰《く》らい、白い涎《よだれ》を垂らすことになろう。必ず、赤い子犬になってしまうに違いない。

――広国は父の懺悔《ざんげ》を聞き届けた。そして、人の生前の善行悪行がどのような報いとなるのかを見ようとして黄泉の国を歩き廻《まわ》っていたところ、小さな子どもがやってきた。子どもは広国を呼ぶと門を押し開け、「すぐに行きなさい」と言った。

広国が「あなたはどなたですか」と訊《き》けば、「私が誰だか知りたいですか。私は、あなたがまだ幼いときに書写した観世音経です[6]」と答え、帰っていった。そして気付けば広国は生き返っていたのであった。

その後、広国は黄泉の国における善悪の報いの様子を書き記し、世の中に広めた。また、亡父に頼まれた通り、仏像を作り、写経をし、三宝[7]を供養して父の恩に報い、その罪をつぐなったのであった。さらに、広国自らも悪しき行いを改め、正しい行動をとるようになったのである――

---

1 黄泉の国　死者の住む世界。『古事記』では男神イザナキが女神イザナミを追って訪ねる。一方、『日本霊異記』では僧や役人などの人間が黄泉国を訪れている。

2 七月七日　中国から伝わった、牽牛織女を祀る「乞巧奠」（きっこうでん）の祭日。その後、この星祭りは「七夕」（たなばた）として広く宮中以外でも行われることになる。

3 五月五日　端午の節句。五節句の一つで、男子の節句。

4 正月一日　元旦。しかし、ここではむしろ、大晦日の先祖供養（魂祭り）の翌日という意味が大きい。本来、一年の始まりである祭日に、前日に祖霊へと捧げられた供物の残りを貪るという構図である。

5 猫　『日本霊異記』本文では「狸」と表記されているが、いわゆる猫のことである。詳細は解説を参照。

6 観世音経　観音経とも。正しくは『妙法蓮華経観世音菩薩普門品』。『法華経』全二八品のうち第二五品にあり、観世音菩薩の力により種々の災いが去ると記される。

7　三宝　仏教用語。仏教における、仏・法・僧の三つの宝を指す。

【解説】

本話は『日本霊異記』上巻第三十話「非理に他《ひと》の物を奪ひ、悪行を為し、報《むくい》を受けて奇しき事を示しし縁」による。『日本霊異記』は平安初期に書かれた日本最古の説話集で、上・中・下の三巻から成る。正しくは『日本国現報善悪霊異記』。南都（奈良）薬師寺の僧である景戒《けいかい》が撰述《せんじゅつ》し、弘仁《こうにん》年間（八一〇〜八二四）頃に成立したと考えられている。

およそ雄略《ゆうりやく》朝から嵯峨《さが》朝に至るまでの内容をおさめ、仏教的な因果応報の理《ことわり》を示す説話を多く収録する仏教説話集である。中国唐代の『冥報記』や『金剛般若経集験記』などの説話集から影響を受けているほか、独自の説話も多い。

本話の現代語訳に際しては「猫」としているが、原文における表記は全て「狸」である。古代中国語における「狸」字は現代日本でいうところの猫を指しており、本話における「狸」字も猫の意味で用いられている（猫と狸の用字に関する詳細は今《いま》村与志雄《むらよしお》『猫談義』を参照）。時代が下ると日本における「狸」字は主にタヌキの意味で使われるようになっていくが、両者の混同は江戸期まで続くことになる。

さて、広国の亡き父は、黄泉の国（ここでの黄泉は大陸由来の仏教における「地獄」のイメージを多分に含んでいる）での責め苦を受けるだけでなく、死んで一年目には大蛇に生まれ変わって七夕に、二年目には赤い子犬になって端午の節句に息子のもとを訪れたが、いずれも祭日の供物を食すことができず、追いやられてしまった。

そして三年目には猫に生まれ変わり、大晦日《おおみそか》に先祖の魂祭り用に供えられた供物を見つけると、翌日である正月一日になってこれにありつき、初めて空腹を癒すことができたのである。それすらも翌日になるまで食べられなかったということが、亡父が祖霊になれず畜生への輪廻《りんね》転生を繰り返しているという哀れな事実を示している。猫その他の動物と、神仏や死者への供物との関わりについては本書第三章「江戸期の猫」、『甲子夜話』の項に付した解説を参照されたい。

また蛇、犬、猫の順で広国の父の罪業が軽減しているとも考えられ、それぞれの動物に対して抱かれていたイメージも気になる点である。

『日本霊異記』以降、人と猫とが転生で結びついているという発想は江戸期にまで繰り返し見出すことができるが、それぞれの時代、それぞれの作品によって、物語中での猫の役割は異なる。後世においては、人間の夢に、前世が人であった猫があらわれるというかたちをとることもある。ただし、同様の構図はむしろ犬において多く見出される。本話では、猫になった際には供物にありつくことができたが、生前の罪業を償うためには犬に生まれ変わらなければならない、という特徴的な対比の構造を見出すことも可能であろう。

猫の夢 ――『源氏物語』より――

（あらすじ）――光源氏《ひかるげんじ》の親友「頭中将《とうのちゅうじょう》」の息子である「柏木《かしわぎ》」は、以前から光源氏の妻「女三の宮」に想いを寄せていた。ある日、源氏の邸宅で開かれた蹴鞠《けまり》の会に参加した柏木。すると女三《おんなさん》の宮《みや》の飼っていた唐猫がほかの猫たちに追いかけられて、御簾《みす》から外へと逃げ出した。その時、唐猫に付けられた綱が御簾を押し上げてしまい、柏木は偶然、女三の宮の面立ちを目の当たりにする。

高貴な女性が夫以外の男性に顔を見せることなどない当時、柏木は、一度は忘れようとしていた女三の宮への恋情を抑えることができなくなってしまった。狂おしいまでに女三の宮への想いが高まった柏木は、その代替物として彼女が愛玩する唐猫に異様な執着を見せるようになる。そして計略をめぐらせると、間接的にその唐猫を入手した――

ついにこの猫を手に入れた衛門督《えもんのかみ》[1]（柏木）は、夜になっても側に置いて一緒にお休みになるのであった。夜が明ければすぐに猫の世話を始め、撫《な》で回して大事に養っていらっしゃる。最初は人に馴染まず、かたくなだった猫の心もよく馴れるようになって、ともすれば衣の裾《すそ》にまとわりついたり寄り添って寝たりして甘えてくるのを、心の底から愛《いと》おしいと思うのだった。

深い物思いにとらわれて、縁台の端近くに寄りかかって臥《ふ》していたところ、側に来て「ねうねう」[2]と本当に愛らしく鳴くものだから、掻《か》き撫でて「なんと共寝を急ぐものよ」と微笑まれた。

「恋ひわぶる　人のかたみと手ならせば　なれよ何とて　なく音なるらん」

(恋い慕う人の形見[3]と思って手懐《てなず》けてみれば、お前はどんなつもりでそうは鳴くのだろうか)

こう歌を詠んでから「これも昔の契り[4]であろうか」と、猫の顔を見つめつつおっしゃれば、猫はいよいよ可愛らしく鳴くので、衣の懐に入れて眺めなさる。年かさの女房[5]などは「突然に猫を愛《め》でられるようになるとは、おかしなこと。これまで、こうしたものにはご興味を示さぬ方だったのに」と奇妙に思うのだった。

東宮からのご連絡があってもお返事をなさらず、猫を閉じ込めてはこれと語らってばかりいらっしゃるのである。

――唐猫を手に入れた柏木はまた、女三の宮の姉を妻として迎え入れた。それでもなお女三の宮への想いは断ち切れず、ついに柏木は源氏の不在を見計らって女三の宮の許《もと》を訪れた。そして小侍従に手引きさせて強引に想いを遂げると、一瞬のまどろみの中に夢を見た――

そうして、ただほんの少しの間まどろむともない夢の中に、手懐けていたあの猫がとても愛らしい様子で鳴き声をあげながら近寄ってきた。この宮に差し上げようとして自分が連れてきたようにも思われつつ、いや、どうして差し上げたのだろうか、などとも思っているうちに目が覚めて、なぜこのような夢を見たのだろうかといぶかしく思った。

1 衛門督　柏木のこと。原文では主語が省略されているので補った。以下の文章についても同様。
2 ねうねう　猫の鳴き声を表す擬音語。ニャーニャー。「寝む寝む」（さぁ、一緒に寝ましょうよ）の意味が織り込まれている。
3 形見　亡くなった人、別れた人の思い出の鍵とすべく特に選ばれた品。ここでは、女三の宮の身代わりとしての唐猫を指す。

4　昔の契り　昔からの約束。前世からの因縁を意味している。
5　年かさの女房　原文「御達」（ごたち）。ここでは、柏木の側に仕えて身の回りの世話をする女房。

【解説】

ここで現代語訳したのは『源氏物語』若菜・下巻のうち、若い貴族である「柏木」が、光源氏の妻「女三の宮」に恋い焦がれたあげく、その飼い猫を入手して可愛がる場面、そして女三の宮への想いが高じてついには密通に至る場面である。

紫式部『源氏物語』は平安中期に成立した日本最初の長編小説であり、言わずと知れた日本文学史上の白眉《はくび》である。中近世に様々な注釈書が編まれることで、様々な『源氏物語』解釈の方向性が開かれることとなった。

猫をめぐる怪異という観点から見つめなおすと、本話には二つの「怪異」的な文脈（猫の転生、予兆としての猫の夢）が含まれており、やがてそれが柏木を死へと導くのである。柏木は女三の宮が飼っていた唐猫を手に入れると、猫と自分の関係を前世の因縁に例えつつ話しかける。そこにおいては、人が猫に生まれ変わるという宗教的・文化的な知識が踏まえられている。これは、すでに『日本霊異記』に見られ、また『更級日記』にも受け継がれる思想である。

ただし柏木は猫という代替物で満足することがなかった。女三の宮の姉である女二の宮を妻に迎えていたにも拘わらず、ついには無理やり女三の宮と直接の関係を結ぶに至るのである。その際、柏木がうとうととした一瞬の夢の中に例の唐猫があらわれる。中世に記された『源氏物語』注釈書、三条西実隆《さんじようにしさねたか》『細流抄』は、獣が夢に出るのは当時の俗信で懐妊の印であったとし、中院通勝《なかのいんみちかつ》『岷江入楚《みんこうにつそ》』もそれに従う。柏木は彼を拒む女三の宮に前世からの宿縁と思ってくれるよう告げると、唐猫が暖簾《のれん》を引き開けた話を聞かせる。その後、唐猫の夢は正夢となり、罪の重さに慄《おのの》いた柏木は病みついてしまうのである。

これらのエピソードにおいては、一見、直接的な怪異が発動していない。物語上はむしろ、柏木と女三の宮が密通していた頃、紫の上《むらさきのうえ》を危篤に陥らせていた六条御息所の死霊のほうに怪異描写の力点が置かれている。

しかし柏木が唐猫に対して「昔の契り」、すなわち前世での約束を持ち出していたことを忘れてはいけないだろう。その一方で柏木は女三の宮と密通した際、唐猫の綱が御簾を押し上げて彼女の顔が露《あら》わになったことを告げて、こうなることは前世からの定めだったとも言う。この語りにおける唐猫は、柏木と女三の宮を繋《つな》ぐための道具立てにすぎない。

柏木の言う前世からの定めに着目してみると、柏木の〈女三の宮〉への想いが、途中から「女三の宮」自身と、その代替物たる「唐猫」とに二分されていたことに気付く。つまり柏木は自分でも知らぬうちに「女三の宮」と「唐猫」の両方に愛を告げていたのである。

唐猫からしてみれば、自分から前世の因縁を持ち出した柏木が、結局は女三の宮という生身の女への想いを捨てきれず、そちらにも前世の因縁を告げた不義理者ということにならないだろうか。『源氏物語』において昔の契り、すなわち前世の約束に関する語りは多く為されるが、それは基本的に人間と人間との間で交わされるものである。人である柏木が猫に昔の契りを持ち出したという点は興味深い。

柏木の死は、唐猫をあくまで女三の宮と一体化した付属物として見るか、あるいは彼女とは独立した存在として見るかによって、その真相を異にするのではないだろうか。柏木が見た唐猫の夢を、唐猫の嫉妬《しっと》による怪異の発動であったと解釈することもまた、不可能ではないだろう。化け猫びいきの本書では、試みにそうした「夢想」を提示してみたい。

『吾嬬森栄楠』（国立国会図書館デジタルコレクション）

なお江戸期の歌舞伎ではたびたび、女三の宮の飼っていた唐猫が後世の人間に憑《ひょう》依《い》したり、怪猫に変化《へんげ》したりする。安永《あんえい》八年（一七七九）市村座《いちむらざ》初演、桜田治助《さくらだじすけ》作『吾嬬森《あずまのもり》栄《さかえ》楠《くすのき》』では、著名な女形の瀬川菊之丞《せがわきくのじょう》が嫉妬に狂う唐猫の所作を演じた。勝川春英《かつかわしゅんえい》による同作の絵本番附には「女三の宮の唐猫の亡霊」も描かれている。女三の宮の唐猫に怪異性を見出すのも、あながち見当はずれな夢想ではないのかもしれない。

死んで猫になった少女 ——『更級日記』より——

わたし（菅原《すがわらの》　孝標女《たかすえのむすめ》）は、桜の花が咲き、そして散るたびに、それが乳母《めのと》の亡くなった季節であることを思い出して胸が痛くなるのだった。

同じ頃に亡くなった侍従大納言[1]の姫君がお書きになった筆跡を見てはまた、わけもなく悲しい思いを抱えていた。そんな五月のある日、夜が更けるまで物語を読んで眠らずにいた。すると、どこから来たのかも分からないが、猫がなんとも和やかな声で鳴いている。驚いて見てみれば、実に可愛らしい猫がそこにいた。

どこから来たのだろうと思って眺めていると、わたしの姉が「ああっ、静かに……。人に聞かれてはいけないわ。なんてかわいい猫なの、ぜひ飼いましょう」と言う。とても人慣れしていて、すぐそばに来ては眠っている。

捜している人がいるのではないかと思い、こっそりと飼っていたが、この猫は召使いたちのいる辺りには寄り付かず、ずっと私たちの目の前ばかりにいる。食べ物も、汚そうに見えれば顔を背けて食べようとしない。

わたしたち姉妹の間にいて常にまとわりつくので面白がって可愛がっていたが、そのうちに姉が病気になってしまった。そのため家中が騒々しくなったので、この猫を北面の部屋[2]にばかり置いて呼ばなかったところ、やかましく鳴き騒ぐのであった。けれども、そうしたものだろうと思って放っておいた。

すると臥せっていた姉が目を覚まし、「どこにいるの、猫は。連れてきてちょうだい」と言った。「どうして」と聞けば、次のように語るのだった。

「夢の中で、あの猫がすぐそばに来て言ったの。「わたしは侍従の大納言の娘ですが、このような姿になっているのです。こうなる因縁がいささかあった上、こちらの妹君が私をしきりに懐かしんで下さいました。そこで、ほんの少しの間ここにいたところ、この頃は召使いの中にばかりいるので、なんとも哀しいことです」そう言って大いに泣く様子は、とても高貴で美しい人のように見えたわ。そこでハッと目が覚めると、あの猫の鳴き声だったのが、とても悲しいの」

姉の話を聞いて、わたしはひどく心を打たれた。それからは、この猫を北面の部屋には出さず、大切にお守りした。

わたしがたった一人でいたところにこの猫が向かいあっていたので、やさしく撫でながら、「侍従の大納言の姫君でいらっしゃるのね。大納言殿にお知らせしたいものだわ」と話しかければ、じっと顔を眺めつつ和やかに鳴く。その様子も心なしか、また、こちらの目のせいか、普通の猫ではないようで、まるで言葉が通じているかのようなのが愛おしい。

1 侍従大納言 平安中期の公卿、藤原行成。
2 北面の部屋 身分の低い召使いたちのいる部屋。

【解説】

『更級日記』は平安中期に記された、菅原孝標女《すがわらのたかすえのむすめ》（孝標の次女）による自身の人生の回想録である。他の平安女流日記と比較して、その内容は写実的というよりは幻想的傾向が強く、現実にあった事象と、夢見がちな著者の心象風景とが入り混じっている。

長じてから回想録である『更級日記』を著した菅原孝標女は『源氏物語』を愛読する夢見がちな少女であった。そして『源氏物語』と『更級日記』との間には奇《く》しくも、猫を人の生まれ変わりとして見立てるという共通点を見出すことができる。

『源氏物語』の場合は、柏木による偏執的な愛情の発露として、恋焦がれる女三の宮の身代わりたる唐猫に前世からの宿縁が見出されていた。一方、『更級日記』の場合はどうであろうか。

菅原孝標女の姉は、侍従大納言の娘（藤原行成女《ふじわらのゆきなりのむすめ》）という少女の生まれ変わりである猫が語る夢を見た。そして妹はそれを共有した。猫を少女の生まれ変わりとして捉《とら》える発想の源には、仏教的な「輪廻転生」の思想があったことだろう。それなくして、猫を人の生まれ変わりとする想像力は生じにくい。

ただし『日本霊異記』を見ても分かるように、仏教説話における人の生まれ変わりとしての猫は明らかに罪業を背負った存在である。それに対して、『源氏物語』や『更級日記』における猫には、そうした罪業が背負わされていない。

孝標の娘たちのセンチメンタルな想像力の発露としての〝人の生まれ変わりとしての猫〟は、輪廻転生という発想をベースとしつつも、そうした宗教的な文脈からは離陸した、きわめて閉鎖的かつロマンティックな空想の産物だったのである。そしてそれは、『源氏物語』のキャラクターである柏木が夢想した「昔の契り」（前世の約束）ともどこかで呼応していた。

しかしこの後、侍従大納言の娘の生まれ変わりであったはずの猫は自邸を襲った火事で焼け死に、またその翌年、姉も子を産んでから死んでしまったと、孝標女の筆は記している。そうなってくると、生まれ変わりの猫にまつわる『源氏物語』の「猫の夢」、「懐妊」、「死」という一連の流れを想起してしまいそうになるが、それはいささか猫怪談に肩入れし過ぎた見方ということになろうか。

なお中世から江戸期にかけての書物には、菅原孝標女の先祖に当たる菅原道真《みちざね》が、猫が刀身に触れただけで真っ二つになったという名刀「猫丸」を自ら鍛えたという伝承がたびたび記されている。それについては本書第三章「江戸期の猫」、『古刀銘尽大全』の項を参照されたい。

人を食う猫　――『本朝世紀』より――

この頃、近江国甲賀郡《おうみのくにこうが》（現在の滋賀県甲賀市）および美濃国《みののくに》（現在の岐阜県南部）の山中に奇獣があらわれたという。これは夜陰に乗じて群れで村里[1]に入る。子どもに喰らいついて殺し、また大人の手足にも嚙《か》じり付くという。土地の言葉ではこれを「猫」と呼ぶ。

しばしば、この獣を殺す者がおり、その皮を剝《は》いだものがところどころにある。ほかにも様々な流言[2]が伝えられている。きわめて奇怪なこと[3]である。

1 村里　原文「村閭」（そんりょ）。村閭は村の門、転じて村里のこと。
2 流言　原文「訛言」。根拠に乏しい噂話。風説。
3 きわめて奇怪なこと　原文「尤為奇誕事」。

【解説】

『本朝世紀』久安《きゅうあん》六年（一一五〇）七月二七日の記事から猫に関する部分を訳出し

た。藤原通憲《みちのり》（信西《しんぜい》）編『本朝世紀』は鳥羽《とば》法皇の命によって執筆された平安末期の歴史書で、和化漢文（日本風にアレンジされた漢文）によって記されている。一一五〇年頃に起筆されたと考えられる。

原文では人を襲う「奇獣」の名称について「土俗号之猫」としており、日本の記録上、「猫」と呼ばれるものが恐ろしい存在だとされた初出であろう。同様の記事は中世の『百錬抄』にもあるが、そちらは奇獣の名称が「猫狗」であり、騒動の同時代的資料である『本朝世紀』とは若干、内容が異なる。本書収録の『百錬抄』現代語訳もあわせて読むと、ほかにも細かな違いが浮かび上がってくるだろう。

猫を恐れる男 ――『今昔物語集』より――

（あらすじ）――今は昔、[1]大蔵丞《おおくらのじょう》[2]から従五位下《じゅごいのげ》[3]にまで昇進した藤原清廉《ふじわらのきよかど》という男がいた。この者は前世が鼠でもあったものか、異様に猫を恐れる。そこで若い者たちは清廉を見つけると、いつも猫を取り出して脅すのだった。すると清廉はどんなに大事な要件があったとしても顔を覆って逃げ去るのである。そこで世の人々は彼を「猫恐《ねこおじ》の大夫《たいふ》」と名付けた。

清廉は山城《やましろ》（現在の京都府南部）、大和《やまと》（現在の奈良県）、伊賀《いが》（現在の三重県北西部）の三ヵ国に田を多く持つ裕福な者であった。しかし藤原輔公《すけきみ》が大和守であった時、清廉は自分が粗雑に扱えない身分であるのをいいことに、租税を一切納めようとしなかった。輔公は、なんとかしてこれを払わせようと考えたが、清廉はのらりくらりと言い逃れをして家に帰ろうとする。怒り心頭の輔公は清廉を引き留め、家内の侍どもを大声で呼びつけた――

侍が返答して出てきたので、輔公は「準備してある物を持ってこい」といった。清廉がこれを聞いて「私に恥をかかせることなどできるものか。しかし、あんなことを言って、一体なにをしようというのだろうか」と考えていると、侍たち五、六人ほどの足音が近寄ってきて、引き戸の外で「持って参りました」と言う。

すると輔公は引き戸を開けて「ここに入れろ」と告げた。清廉が引き戸の開く様子を見ていると、灰毛斑《まだら》の猫——背丈は一尺（約三〇センチメートル）以上で目は赤く、まるで琥珀《こはく》を磨き入れたようだった——がいて、大声を放って鳴く。さらに同様の猫が五匹、続いて入ってきた。この時、清廉は、目から大きな涙を落とし、輔公に対して手をすり合わせつつ惑乱した。

そのうちに五匹の猫は壺屋《つぼや4》の中に放たれて、清廉の袖《そで》の匂いを嗅《か》いだり、こちらの隅、あちらの隅へと走り回ったりしている。清廉の顔色はすっかり変わり果て、耐えきれないように見えた。輔公はこれを哀れに思ったので、侍を呼び入れると猫たちをみな捕まえさせて短い綱で引き戸の側に繋がせた。

この時、五匹の猫が一斉に鳴く声は耳に響きわたるほど。清廉は脂汗を流して目をしばしばさせ、生きた心地もない様子だったので、輔公は「さぁ、まだ租税を納めぬつもりか。どうだ。今日が期限なのだぞ」と告げた。すると清廉はすっかり変わり果てた声でぶるぶると震えつつ、「ただただ、仰せの通りに従わせて頂きます。どのようであっても命さえございましたら、のちほど弁済させて頂く所存です」と言ったのである。

――この後、輔公は清廉に租税を支払うための書類を書かせようとした。その際には、今この場で書かねばふたたび壺屋に猫を放って閉じ込めると告げたので、清廉は急いで書類を書き上げると輔公に渡した。こうして輔公は、無事に清廉から全ての租税を受け取ったのである。清廉が猫を怖がるのは馬鹿馬鹿しく見えることだったが、輔公にとってはいかにも重大事であったことよと、当時の人々はみな噂をして笑い合ったと、このように語り伝えられているそうである――

1　今は昔　今となっては昔のこと、の意。『今昔物語集』所収の各話は、「今ハ昔」で始まり、「トナム語リ伝ヘタルトヤ」で閉じられるようになっている。
2　大蔵丞　大蔵省において財産管理を行う役職。
3　従五位下　身分を示す位階制度のうち、正五位の下、正六位の上に位置する。
4　壺屋　物置などに使われる部屋。

【解説】

『今昔物語集』巻二十八「大蔵大夫藤原清廉怖猫語第三十一」による。作者不詳『今昔物語集』は平安末期に成立したと考えられている説話集である。収録されている説話の全てが「今ハ昔」で始まり、「トナム語リ伝ヘタルトヤ」で閉じられるようになっていることから、便宜的に『今昔物語集』という名称が与えられた。仏教の教えを反映した説話が多く収録されるとともに、仏教伝来のルートを示す天竺（インド）、震旦（中国）、本朝（日本）の三部構成になっている。

本話では清廉が猫を恐れることに対して、前世が鼠でもあったものか、という説明付けが為されている。なお本話に続くのは「山城介三善春家恐蛇語第三十二」であり、やはり、前世が蛙でもあったものか、異様に蛇を恐れる男がいた……という内容で始まる。現実的には蛇に対して恐怖を抱く者と、猫に対して恐怖を抱く者とでは、蛇を恐れる者のほうが多いわけであり、猫を恐れるという説話のほうには、若干特殊な意味が持たされていることになろう。

ただし『本朝世紀』の記事を見ても分かるように、この頃すでに、人を襲う恐ろしい存在としての猫というイメージもあった。本話において清廉を怯《おび》えさせる猫に着目してみると、目が赤くて琥珀のように光る、大声で鳴くなど、妖怪《ようかい》めいたイメージで描写されていることが分かる。『日本書紀』で八岐大蛇《やまたのおろち》や猿田彦《さるたひこ》の目が「赤かがち」（ホオズキ）に例えられているように、赤く光る目は人から遠く離れた異形のものたちの象徴だったのである。

つまりここでは、単に特定の動物に対する恐怖症を笑いの対象に据えているのではなく、明らかに猫という存在の背景に恐ろしいイメージがあることを前提としている。本話は、猫に対して抱かれる両極端なイメージを踏まえた上で、日常的な感覚においては愛玩すべきものである猫のイメージを基軸に据え、それにも拘わらず猫を恐れる男、という笑話を成立させていることになる。

解説　中世の猫

中世に入ると、日記や随筆、説話集などに猫にまつわるふしぎな話、恐い話が多く記されるようになります。尋常でない巨大な体軀《たいく》を持つ大猫や、深山に潜む山猫などのほか、「猫又」が登場するのもこの時代です。しかし、この頃の猫又には、尻尾《しっぽ》に関する記述がありません。長い年月を経た猫の尻尾が二又に割れて猫又になるというのは、もっと時代が下ってから作られた説だと考えられています。

また、江戸期には芝居や読み物などの文芸、あるいは世間話（噂話）を通して広く知られていた、猫が人に化ける話、いわゆる「化け猫」もまだあらわれてきません。逆に言えば中世の猫怪談というのは、古代に初めて記録されたふしぎな猫のイメージが、江戸期に「化け猫」や「猫又」、「怪猫」などとして広く庶民に認識されるようになる前の、実に興味深い過渡期的な段階にあるのです。

たとえば藤原定家の日記である『明月記』には、猫又という「鬼」が、人間を悩ます病の原因であると記されています。これはおそらく『隋書』をはじめとした中国の文献——たとえば隋代の『諸病源候論』や宋代の『野客叢書』、『太平広記』など——に散見される「猫鬼」という憑《つ》き物に端を発するものであり、江戸期に一般化する猫又イメージとはかなり異なるものだと言えるでしょう。中国における猫鬼のイメージの源は伝染病だとも言われており、『明月記』の猫又にはそのイメージが色濃く受け継がれているように考えられるのです。

ただし、猫鬼から直接の影響を受けたものではないでしょうが、後世の日本にも「猫憑き」という猫の憑き物があります。また、江戸期の口寄せ巫女《みこ》が猫の頭を干し固めたようなものを本尊として大事に祀《まつ》っていた、というような話もあります。こちらは犬神と同じく、中国において様々な動物霊を使役するために行われていたという呪術《じゅじゅつ》「蠱毒《こどく》」をその源泉とするようです。

話を中世に戻せば、兼好法師《けんこうほうし》の随筆『徒然草』には、人を食うという大きな猫又の話がありますが、その正体は犬だったという笑い話的なオチがつきます。一方で『古今著聞集』には、背中の光るふしぎな猫の話もあります。これは江戸期にもたびたび記録される現象で、かつては猫のふしぎな性質に由来するものと考えられていました。しかし、実際には猫の毛が静電気を帯びたときに発生する現象で、現代でも観察可能なものです。

こうした例からは、猫にまつわるふしぎな話が全て創作によるものではなく、ときに当時の実体験を踏まえたものであったことが分かると思います。それでは実際に、多種多様な中世の猫たちの姿を眺めていきましょう。

猫胯という鬼 ――『明月記』より――

夕方に至って、南京[1]の方から使者の小童《こわらわ》が来て言った。この頃、南都[2]に「猫胯《ねこまた》」という獣が出没するという。それは一夜にして七、八人の人を噉《く》う。死者も多く出ているが、あるいは件《くだん》の獣を打ち殺すこともあるという。その目は猫の如く、その体の長さは犬の如しと云々《うんぬん》。

二条院[3]の御代《みよ》[4]には、京中にこの鬼が来たと雑人が言っていたものである。また、これを「猫胯病」といい、多くの人々が病に悩んだとのこと、幼い頃に人が語っていた。もし京にこれが及ぶようならば、きわめて恐るべきことである。

1 南京　奈良のこと。南都に同じ。
2 南都　奈良のこと。南京に同じ。
3 二条院　二条天皇（一一四三―一一六五）のこと。
4 御代　原文「御時」。特定の権力者が世を治めていた期間。ここでは二条天皇の在位期間である一一五八―一一六五を指す。

【解説】

藤原定家（一一六二―一二四一）の日記『明月記』のうち、天福《てんぷく》元年（一二三三）八月二日の記述による。『明月記』は和化漢文（日本風にアレンジされた漢文）によって記された漢文日記である。

『明月記』建永《けんえい》二年（一二〇七）七月四日には、一昨年から定家が飼っていた猫が、犬に噛み殺されてしまったという悲哀のこもった記事がある。この猫は、妻が大切に育てているものであった。『明月記』を嚆矢《こうし》として、猫胯の体の大きさを示す際に犬をひきあいに出すことが江戸期には一般化していくが、その一方で、江戸期には飼い猫が犬に噛み殺されたという記事も散見される。中世から江戸期にかけて、実際に野良犬が飼い猫を害するような出来事がたびたびあったものと推察される。『明月記』の猫胯は狂犬病にかかった犬だとも考えられているが、仮にそうだとすれば、なぜ病気で荒ぶる野犬を指して、それを「猫胯」という名の奇怪な存在であると考えたのであろうか。犬と猫との関係性からして、非常に興味深い問題である。現代でも犬と猫とはすぐに比較に出されるが、中世から江戸期にかけては、今日的な意味合いとは違ったかたちで、犬と猫との関わりがあったようである。

また定家は猫胯の噂に接し、二条天皇在世の頃に流行した猫胯病という鬼を思い出している。定家にとって「猫胯」は「鬼」であり、また「病」であった。すでに中国の隋代には「猫鬼」という、呪術師が操る憑き物の一種の存在が信じられており、こうした知識が、当時の日本にも入っていたものとして考えられるのである。

猫鬼とは、猫を殺してその霊を使役し、呪詛《じゅそ》をもって人を病にさせたり、また財産などを盗み取ったりするというものであり、隋の文帝《ぶんてい》(五四一―六〇四)の世に内廷を騒がせた。その事件の様子は『隋書』巻七九「外戚列伝」その他に記載されている。

刀を奪った猫 ――『古今著聞集』より――

観教法印[1]は嵯峨《さが》（現在の京都市右京《うきょう》区の地名）の山荘[2]に住んでいた。すると、どこからともなく愛らしい唐猫がやってきたので、これをつかまえて養っていた。この猫は、玉を転がしてやるといかにも上手にとってくる。

法印はこれを可愛がって遊ばせているうちに、ふと、秘蔵の守り刀を取り出して玉と同じようにとらせてみた。すると猫はその刀を口に啣《くわ》えて走り去った。人々は追いかけて捕えようとしたが叶わず、ついに行方も知れず消え失《う》せてしまったのである。

この猫は、もしや魔[3]が変化《へんげ》[4]したものであって、守りとなる物をとってしまってから、はばかるところなく悪事をはたらいているのであろうか。おそろしいことである。

1　観教法印　平安中期の僧侶。『拾遺和歌集』などに和歌が入集する歌人としても知られる。
2　山荘　原文「山庄」。山中の別荘。
3　魔　魔物、悪魔。仏法（仏教の教え）に反して修行の妨げを為す。
4　変化　あるものが不思議な力で別のものに姿を変えること。変身。

【解説】

『古今著聞集』巻十七（変化第二十七）「観教法印が嵯峨山庄の飼猫変化の事」による。橘成季《たちばなのなりすえ》編『古今著聞集』は鎌倉《かまくら》時代、およそ十三世紀前半に編まれた説話集である。前近代には単に『著聞集』と記されることも多かった。

本話における猫は、どこからきたのかが明らかでなく、また、どこへ消えたのかも分からない。こうした点には、猫という奇妙な存在をめぐる怪談の特徴が凝縮されていると言える。後世の猫怪談でも、どこへ行ったのかが分からないという結末が非常に多いのである。

ただし本話は『古今著聞集』の中でも巻十七（変化第二十七）に配置されており、また結語において猫そのものの妖異性だけでなく、「魔」（悪しきなにものか）が猫に姿を変えていた可能性を提示している点で着目すべきものがある。

猫それ自体が魔物だと考えられているのか、魔物が猫に姿を変えているのか、あるいは何らかの理由（長命など）で猫が魔物になったのかでは、似ているようでそれぞれ全く意味合いが違う。事例によって、猫に見出されていた魔性の在り方は異なるのである。

背中の光る猫 ——『古今著聞集』より——

保延《ほうえん》（一一三五—一一四一）の頃、宰相の中将[1]だった人の乳母が猫を飼っていた。この猫の高さ[2]は一尺（約三〇センチメートル）もあった。力が強くてすぐに綱[3]を切ってしまうので、途中からは繋ぐこともなく、放し飼いにしていた。

この猫が十歳を越した頃から、夜間にこれを見ると、背中が光っていることがあった。また、乳母はこの猫に向かって常に「お前が死ぬときには私に姿を見せてはいけないよ」と教えていた。するとどうした理由によるものか、はっきりとは分からないのだが、十七歳になった年、突然に行方が分からなくなり、消え失せてしまったのである。

1　宰相の中将　宰相は参議を示す中国での名称。保延年間の宰相中将は八人ほどおり、ここでの宰相中将がそのうちの誰なのかは、本話の情報のみでは判然としない。
2　高さ　四本足で立っているときの体高であろう。
3　綱　江戸期に入るまで、猫には綱をつけて飼うのが一般的であった。

【解説】

『古今著聞集』巻二十（魚虫禽獣第三十）「宰相中将の乳母が飼猫の事」による。『古今著聞集』についての説明はすでに行ったので、ここでは割愛する。

本話の猫は、目立った怪異を起こしているわけではない。しかし、背中に光を放つこと、死ぬときに姿を消すことがあえて記されていることに着目したい。これらは現代においてもしばしば観察される現実的な事象である。逆に言えばこうした、猫にまつわる観察可能でありつつも不思議なものごとが、猫それ自体の神秘性を高めていたのである。そして『古今著聞集』はいち早く、この不思議かつ現実に観察可能な事象をとらえていた。

たとえば夜間など外光が遮断されたときに、静電気で猫などの動物の毛がパチパチと火花を放っている様子を見ることがある。これは現代でも普通に観察できる事象である。江戸期になると本草学（博物学）が発展し、動植物への観察・記録も飛躍的に進むことになる。その立役者の一人である貝原益軒《かいばらえきけん》の『大和本草』には、闇夜に黒猫の背中を撫でると光を放つが、これは毛皮の光であるという記述がある。

猫にまつわるこうした知識は広く知られており、本書でも紹介した江戸期の随筆

『谷の響』にも、絵入り百科事典『和漢三才図会』に従ったとおぼしき「暗室において手をもって逆に背を撫でれば、すなわち光を放つ」という記述がある。また平田篤胤『仙境異聞』などにも同様の記述がある。

猫が死に際に姿を消すというのも、よく知られた行動である。ただし『古今著聞集』ではその理由が、人間がたびたびそうするように言い聞かせていた、ということと半ば結び付けて説明してある点が面白い。

奇獣「猫狗」――『百錬抄』より――

この頃、京の土地に流言があった。近江と美濃の両国の山中に奇獣がいるというのである。それは夜陰に乗じて群れで村里に入り子どもに喰らいついて殺す。土地の言葉ではこれを「猫狗」[1]と呼ぶ、云々。このことは小野右府[2]が記したものに見受けられる。俗言[3]に違いないと言えよう。

1 猫狗　一般的には猫と犬のこと、あるいはそれに代表される獣の総称だと考えられるが、ここでは「猫狗」という名の奇獣だと記されている。
2 小野右府　藤原実資（九五七―一〇四六）。実資の日記『小右記』には、猫好きであった一条天皇が愛猫に官位を与え、人間の乳母をつけたという話が載る。
3 俗言　日常的に使われる言葉。あるいは噂話のこと。ここでは後者の意。

【解説】
久安六年《きゅうあん》（一一五〇）七月の記事による。『百錬抄』は編著者不詳で、鎌倉後期、十三世紀に成立。九六八―一二五九年までの出来事に関して、公家日記その他の記録から記事を抜粋、編纂《へんさん》して編年体で編まれている。和化漢文（日本風にアレンジされた漢文）によって記される。本来の表記は『百練抄』だったが、江戸期以降に『百錬抄』と記されるようになったという。

久安六年（一一五〇）七月の奇獣一件に関する記事は、すでに紹介した『本朝世紀』が初出かつ同時代記録であり、より資料性が高い。

『百錬抄』は該当記事について、小野右府すなわち藤原実資による記録があると述べるが、実資は一〇四六年に没しているため、久安六年の記事を書くのは不可能である。実資には小野宮右大臣家記を略した漢文日記『小右記』があるが、そこにも奇獣めいた猫の記事は見られない。ただし『小右記』長保《ちょうほ》元年（九九九）九月十九日には、猫好きの一条天皇が愛猫に五位の位を与え、また人間の乳母をつけたということが記されており、それは「奇怪之事」と表現されている。

奇獣に関する『百錬抄』の記事は『本朝世紀』からの抄出だと考えられるが、猫にまつわる奇談を紹介する中で『本朝世紀』は「尤為奇誕事」、『小右記』は「奇怪之事」と記しており、『百錬抄』が両書の内容を混同した可能性もあるように思われる。

また『本朝世紀』と『百錬抄』を並べてみたとき、細部に異同が見られる点は軽視できない。たとえば『本朝世紀』で「猫」と記されていた奇獣の名称が、『百錬抄』では「猫狗」になっている。この変化をどう解釈するかという意味では、『百錬抄』も重要な資料となってくるだろう。

漢籍（中国文献）には「猫狗」の用例を数多く見出すことができる。たとえば、元《げん》代の道教書『真仙真指語録』巻上第七には「猫狗木石」や「木石猫狗」といった記述がある。ほかにも仏教書その他に、「猫狗」の前後に他の動物名を並べるなどの例が多く見られる。つまり漢籍においては「猫狗」がひとつの生物を指す名詞ではなく、猫と犬、あるいは猫と犬に代表させて獣一般の総称としていることが分かる。

また、医薬について記した宋代の『太平恵民和剤局方』巻八には「猫狗咬傷或至死者」という記述がある。もちろんこれも、猫や犬などの獣による咬み傷によって死者が出ることもあるといった程度の意味であるが、こうした例における「猫狗」が日本において〝犬や猫などの獣の総称〟ではなく、「猫狗」という名称の特定の獣として解釈された可能性もあるのではないだろうか。

犬と猫又 ――『徒然草』より――

「山深いところには「猫また」というものがあって、人を喰らうそうだ」とある人が言ったところ、「なにも山でなくたって、そこらにも猫が年をとって猫またになり、人をとって喰うということはありますよ」と答える人があった。すると、行願寺《ぎょうがんじ》[1]のあたりにいて連歌《れんが》を得意とする「なんとか阿弥陀仏[2]」なる法師がこれを聞いていて、「一人で歩くような身分であるからには、よくよく心しておかなければ」と思ったのであった。

ちょうどその頃、ある所で夜が更けるまで連歌[3]をしたのち、たった一人で帰ることがあった。小川《こがわ》[4]の川端を通りかかると、噂の猫またがフッと足元を狙いすまして寄り来たり、いきなり飛びつくやいなや頸《くび》のあたりに喰らいつこうとする。

法師はこれを防ごうとするも肝を潰《つぶ》してしまい力も出せず足腰も立たず、小川に転げ落ちると「助けてくれぇ、猫まただぁ、やあやあ」と叫んだ。これを聞いた周りの家々の者たちが松明《たいまつ》を灯《とも》して駆け寄ってみれば、このあたりでよく見かける僧である。

「どうなさった」と尋ねつつ川の中から抱き起こすと、連歌の賞品で手に入れ、懐に収めていた扇や小箱などはすべて水に浸《つ》かってしまっていた。そして法師は偶然にも助かった様子のままに、這《ほ》う這《ほ》うの体で家へと帰っていったのであった。

飼っていた犬が、暗い中にも主人を嗅ぎ分けて飛びついてきたのであったという。

1 行願寺　京都の一条にあった天台宗の寺院。革堂（こうどう）。
2 なんとか阿弥陀仏　原文「何阿弥陀仏」。某阿弥陀仏の意。在家の仏教者であったものと思われる。「○阿弥陀仏」という僧侶の号としては、平安末から鎌倉前期にかけて「空阿弥陀仏」を名乗った二人の僧や、明阿弥陀仏、有阿弥陀仏などの例がある。なお中世の説教節『小栗判官』の主人公である「小栗」は、地獄から不完全な状態で蘇った際に「餓鬼阿弥陀仏」の名を与えられている。
3 連歌　複数の人が集まり、和歌の上の句（五・七・五）と下の句（七・七）を詠みあって、百句に到達するまで連続させる形式のもの。
4 小川　行願寺の近くを流れていた川の名。
5 連歌の賞品　原文「賭物」。

【解説】

『徒然草』第八九段による。『徒然草』は、鎌倉末から南北朝にかけて生きた兼好法師による随筆。

本話は、猫又だと思っていたものが飼い犬であったという笑い話の要素を含んでいる。「怪異」のカラクリが明らかになったとき、緊張感が一転して大きな笑いになるというのは、怪談の周縁に位置する説話においてしばしば見られるものである。

しかしながら、猫又に襲われたと思っていた時の法師の心中において、その恐怖は筆舌に尽くしがたいものであったに違いない。法師が本気で猫又を恐れていたということは、猫又にまつわる噂話がかなりのリアリティを有していたということでもある。そうした意味で本話を、怪談に見せかけた笑い話としてのみ受容するわけにはいかない。

そもそも本話が実話に取材したものかどうか分からないのであるが、少なくとも、猫又の噂話がリアリティを持って語られていた時空間があったらしいということと、それにも拘《かか》わらず、この話が成立した時点では猫又にまつわる話を笑い話にすることも可能であった、ということは掬《すく》い取ることができるのである。

Ⅲ　江戸期の猫

解説　江戸期の猫

化け物草子コにネコァはずれぬ。秋田県平鹿《ひらか》郡（現在の横手《よこて》市）に伝わっていたという、諺《ことわざ》めいた方言です。化物草子には猫がつきものといった意味であり、確かに江戸期に流行した絵入りの読み物――黄表紙をはじめとした草双紙や読本など――のうち、化け物を扱った作品にはしょっちゅう猫の妖怪《ようかい》が登場します。

しかし、中世までは数の少なかった猫怪談が、なぜ江戸期に爆発的に増えたのかなど、猫をめぐっては謎も多くあります。そして、日本における猫の怪談を語るときに避けて通れないのが、「化け猫」と「猫又」をめぐる問題です。

「猫胯」（猫股、猫又）が初めて書物に出てくるのは中世のことですが、当時の猫又には、尻尾《しっぽ》が二股《ふたまた》に分かれているというイメージはありませんでした。猫又の尾が裂けているというのは、「ねこまた」の語源をめぐって江戸期に生じた説であったようです。ただし、中世の絵巻には尾が二股に分かれた狐の化け物なども描かれていますから、近年では語源説の分析だけでなく、そうしたヴィジュアル方面からの影響も無視できないものと考えられるようになってきています。

一方、人に化けるなどの悪事を行う、いわゆる化け猫について記されるようになるのは江戸期以降のことです。それより前の怪談における猫の多くは、さきに述べた「猫又」と記されるか、あるいは単に「猫」、大きな猫などと記されていたのです。

ただし、中世以前の不思議な猫たちも、野山に住むばかりではなく、人間と深いかかわりを持つものもありました。たとえば人が猫に生まれ変わるなど、仏教における輪廻《りんね》転生の思想をベースとした想像力の中で人間と猫は結びついていました。しかし、猫が生きながら人に姿を変える（化ける）、という想像力が展開するのは、江戸期以降のことだと言えます。厳密に言えば「化け猫」という名称は、江戸期にはじめて登場したものなのです。

中世にはふしぎな能力を備えた猫が人を食おうとしたり、奇妙な行動をとったりすると考えられていましたが、江戸期には、それに加えて人に化けるということも広く信じられるようになったわけです。そして、こうした想像力とも関わるかたちで、フィクションの中の猫たちもさかんに喋《しゃべ》ったり踊ったりします。

たとえば江戸初期から中期にかけては、中世に絵巻物などで人気を博していた様々な物語をまとめた御伽《おとぎ》草子が出版物として刊行されますが、その中には『酒呑童子』や『浦島太郎』等に交じって『猫の草子』という作品が含まれていました。『猫の草子』には、僧侶《そうりょ》が夢の中で猫と問答し、心を打たれて涙するという場面が出てきます。

また江戸中期の享保《きょうほう》十二年（一七二七）に出版された佚斎樗山《いっさいちょざん》の談義本『田舎荘子』には「猫の妙術」と題した一話が収められています。鼠退治に優れた古猫が、人間の剣術者に武道の心得を指南するという、いっぷう変わったお話です。この古猫は、あたかも映画『スター・ウォーズ』のマスター・ヨーダが若き弟子たちを導くが如く、侍や若い猫に対して、敵に向かい合う際の心構えを説くのです。

さらに、肩の凝らない絵入りの読み物である黄表紙や浮世絵などにも、たびたびユーモラスな化け猫や猫又たちが描かれます。こうしたフィクションの世界では、単に、ほかの動物たちと同じく擬人化された猫が喋る場合もありますし、実際に存在が信じられていた猫の化け物たちが妖怪キャラクターとして登場する場合もありました。こうした経緯があって、さきほど紹介した方言「化け物草子コにネコァはずれぬ」が生まれたわけです。

江戸期の猫怪談だけでなく、日本における猫怪談の歴史の中でももっとも広く知られていたのが、佐賀鍋島《なべしま》藩の化け猫騒動です。これは佐賀の武家である鍋島家が竜造寺《りゅうぞうじ》家をのっとったというお家騒動に題材をとったものでした。実録『佐賀怪猫伝』のほか、歌舞伎『嵯峨奥猫魔稗史』（佐賀を嵯峨に変えてある）その他の文芸が人気を博しました。

お家騒動にまつわる化け猫騒動ものには佐賀鍋島藩以外にも、岡崎《おかざき》や、久留米《くるめ》有馬《ありま》藩の江戸下屋敷などを舞台にしたものがありました。

猫がふしぎな力を持つという考え方は、人間にとって悪い方面だけでなく、良い方面についても展開します。そうした想像力が、猫を祀《まつ》った「猫の宮」（猫神社）や、ネズミ除《よ》けの効果を期待された「猫絵」と呼ばれる絵の流行、そして今日も続く「招き猫」につながっていくのです。

また、日本における「猫」イメージの展開について考える上では、外国からの影響についても無視できないものがあります。猫が人にとり憑《つ》いたり、人語を為《な》したなど、不思議な行動をとる話は古く中国にもあるのです。

たとえば、すでに「中世の猫」や『明月記』の「解説」でも述べたように、中国における猫の憑き物「猫鬼」を操る呪術師《じゆじゆつし》に関する記録は古くからあり、また金華猫《きんかびよう》（現在の浙江《せつこう》省金華市にいるという不思議な猫）が怪異を為すという知識も早くから日本に入ってきていたようで、江戸期の様々な文献に記載されています。

中国・宋代の彭乗撰『続墨客揮犀』には、人のように立ち上がって喋る猫の話が収められます。また清代の閑斎著・蘭岩評閲『夜譚随録』には、喋ったり歌ったりする猫の話が複数、載せられています。すでに第一章で確認した、江戸期におけるしゃべる猫たちの代表例のほか、これから紹介していく江戸の猫怪談にも、こうした中国の猫怪談からの影響が少なからず見受けられるように思われます。

屋上に眠る猫又　――『安斎随筆』より――

猫『和名抄』[1]に和名[2]「禰古万」(ネコマ)とある。古くはネコマと言っていたのを、後世には下を省略してネコといい、上を省略してコマともいうようになった。数年を経た老猫は形が大きくなり、尾が二股になって妖怪を為す[3]という。これを「猫マタ」ともいう。その名の由来は、尾が二股に分かれていることによるのであろう。

近頃のこと、とある名家の屋敷で猫が妖を為す[4]ということがあった。屋上で寝ているところを見れば、その尾が、屋根から二股になって垂れていたという。その家の家臣が語ったことである。『徒然草』に「ねこまた」の事が載っていることから、(猫又のことは)昔から言われていることなのだと思われる。

1　『和名抄』『和名類聚抄』(わみょうるいじゅしょう)。承平年間(九三一―九三八)に源順(みなもとのしたごう)が編纂した辞書。

2　和名　日本での名称のこと。中国で発達した本草学(博物学)の影響を受けた日本の学問は、特定の事物を示す漢名(例:猫)と和名(例:禰古万)とを対照させることをその基本姿勢とした。ただし、その対照作業は必ずしも正確でなかった。
3 妖怪を為す 怪異現象を起こすこと。前近代における「妖怪」は、広く奇妙な現象をも指していた。
4 妖を為す 妖怪を為すと同様に、怪異現象を起こすこと。

【解説】

『安斎随筆』巻九「猫」より。伊勢貞丈《いせさだたけ》『安斎随筆』前後三〇巻（成立年未詳）は、様々な語句の意味、事物の起源、公家・武家の有職故実《ゆうそくこじつ》（儀礼、法令、習慣など）について記したもの。伊勢家は代々続く有職故実研究の家系であり、伊勢貞丈（一七一七―一七八四）は一度途絶えた伊勢家を再興し、江戸幕府寄合・御小姓組藩士となった。安斎は貞丈の号。

『安斎随筆』巻九「猫」は、江戸期の学問における「猫」考証の中でもよく知られているものであり、猫の関連語として、ネコマ・ネコ・コマ・ネコマタをあげる。ネコの古名をネコマとする説は多いが、どちらかを語源として断定するのは難しい。ネコマについては、平安期の延喜《えんぎ》十八年（九一八）頃に成立した深根輔仁《ふかねすけひと》『本草和名《ほんぞうわみよう》』に「禰古末」（ネコマ）とあるのが早く、次いで承平《じようへい》年間（九三一―九三八）に源順《みなもとのしたごう》が編纂《へんさん》した辞書『和名類聚抄《わみょうるいじゅしょう》』にも「禰古万」（ネコマ）が見られる。『安斎随筆』は猫又の語源として、尾が二股に分かれているからだろうという説を述べている。『和名抄』（『和名類聚抄』）や『徒然草』を参照して、語源その他について記すだけでなく、貞丈がとある名家の家臣から聞いたという妖《あや》しい猫の話を載せていることも注目に値する。

つまり貞丈は、尾が二股に分かれた妖しい行いを為す猫という存在を、遠い過去の物語としてのみならず、現在進行形の「事実」として認識していたことになる。江戸期にはこうした、学者による世間話の記録（故事と絡めての記録）が世間話そのものの信憑性《しんぴょうせい》を高め、書物と世間話とが相互に影響を与え合うという文化現象が多く生じていた。猫又のみならず広く怪異・妖怪や俗信・俗説一般についても同様のことが言える。

ねこまた談義 ——『古今百物語評判』より——

かたわらにいる人が言った。『徒然草』[1]に「ねこまた」というものがあると記されています。ほかにも近頃に至ってから、あそこでも化けたらしい、ここでも恐ろしいことがあったなどという風説[2]を多く聞きます。はたして、猫が化けるというようなことが本当にあるものなのでしょうか」

先生[3]はこれに応《こた》えて次のようにおっしゃった。

「そもそも「ねこまた」とは古い呼び名[4]である。「ねこ」というのは後半を省略し、「こま」というのは前半を省略している。「ねこまた」というのは、年を経たものを指す名なのだ。これは陰獣[5]であって、虎と同類である。ゆえに「手飼いの虎」などとも言う。唐土《もろこし》[6]でも、猫が化けてその主人を殺した事などが多く記してある。

生まれつきの性質を見るに、知恵があるわけでも徳があるわけでもない。人の膝《ひざ》に寝そべり肌に馴《な》れて身を任すかと思えば、人が呼ぶときは素直に寄って来ず、綱でもって引く[7]ときには必ず後ずさりする。無理に人に逆らっているわけでもないのだろうが、もとから僻《ひが》んだり疑ったりする心が備わっているのだ。それは女の性質に似ている。猫が老女に化けて人をたぶらかすというのも、もっともな話だ。

また、その肉の効能は狸と共通[8]する。瞳《ひとみ》が十二時《とき》に応じて大小を変える[9]のは気味が悪いものだ。まして、その身が後に変じた皮の声[10]すらもが、正しい音楽[11]を乱す調子をはらんでおり、心すべきである。その上、普通の猫でさえ単に鼠を捕らせるために飼っていても、かえって鼠より有害になることも多い。飼わないに越したことはないと言ってよい。

さてまた『著聞集』[12]を紐解《ひもと》けば、――観教法印が嵯峨の山庄で唐猫を飼っていたところ、よく玉を取ってくるので、秘蔵の守り刀を取り出して玉のように取らせてみた。すると、その刀をくわえてどこかに逃げ失《う》せてしまった。人々が捜し回ったが、行方知れずになったままであった。これは猫魔の変化だと、人々は噂しあった――と記してある。とかく猫は恐ろしいものである」

---

1 徒然草　本書、中世の『徒然草』の項を参照。
2 風説　噂話。
3 先生　『古今百物語評判』著者である山岡元隣（やまおかげんりん）のこと。本書では怪談が一つ示されるごとに、元隣先生による「評判」が付くようになっている。

4 「ねこまた」とは古い呼び名「こま」が前半を省略しているというのであれば、この部分、正しくは「ねこま」とすべきか。同様の説は広く通用しており、本書で紹介した『安斎随筆』のほか、たとえば安永四年（一七七五）刊、越谷吾山『物類称呼』巻三にも「和名ねこま　下略して　ねこ　といふ又　こま　とは　ねこま　の上略なり」とある。「ねこま」は猫の古語。ただし本話の末尾にあるように、「猫魔」の字をあてて魔物の意味を持たせている場合もある。

5 陰獣　陰陽五行説でいう「陰」の気に属する獣。

6 唐土　中国のこと。

7 綱でもって引く　前近代には猫を、犬のように綱を付けて飼うことが一般的であった。ただし十五世紀以降は、各地でたびたび猫の放し飼い令が出されてもいる。

8 狸と共通　本来、中国の「狸」字は野生の猫を意味していた。しかし日本での「狸」字はイエネコを指したりタヌキを指したりと、用法に混乱が見られる。したがってここでも、猫と狸の肉を食した時の効能が共通するというのである。

9 瞳が十二時に応じて大小を変える　原文には「瞳の十二時にかはりて大小あるも気味わろし」とある。古くは唐の段成式『酉陽雑俎』が記すように、中国には太陽光の強さによって猫の瞳孔の形が変わることを利用すれば時刻が分かるという考え方があった。こうした考え方は日本にも伝わり、広く知られていた。

10 皮の声　三味線の胴に猫の皮を張ることから、猫は死んだ後でも人をたぶらかすとして冗談めかしている。

11 正しい音楽　原文では「雅楽」に「ただしきがく」という振り仮名をあてている。ここでは、くだけた場でも使われる三味線を用いた音楽に対しての、格調の高い音楽という程度の意味だろう。

12 著聞集　正しくは『古今著聞集』。本書、中世の『古今著聞集』の項を参照。

【解説】

本話は『古今百物語評判』巻三「徒然草猫またよやの事　付観教法印の事」による。貞享《じょうきょう》三年（一六八六）刊『古今百物語評判』全五巻は山岡元隣の遺稿を基に息子の元恕が編集したものである。

本来の百物語とは、集まった人々が順番に百話の怪談を披露し合えば最後に本物の怪異が訪れる、という触れ込みで行われた怪談会であった。『古今百物語評判』は著者である元隣が自宅で開いた百物語を題材にしたものだという。本書の特徴は、物語の一つ一つに対して元隣が陰陽五行説や日中の文献知識を基礎とした「評判」を付すという、啓蒙《けいもう》的な読み物であるという点にある。江戸期には百物語怪談会に着想を得た、いわゆる百物語本が多く作られた。

本話はとくに新たな話題を提供するものではなかったが、一五世紀後半頃の知識人が「猫」や「猫又」に対してどの程度の知識を有し、また、どのような認識を持っていたかを示すという点で興味深いものである。末尾には元隣による『徒然草』や『古今著聞集』に載る猫又の紹介があるが、これらの内容については本書、中世のそれぞれの該当箇所を参照されたい。

死んだ化け猫と若様 ――『太平百物語』より――

百物語をして立身[1]したこと。

とある国の藩主に、いまだ十歳位になったばかりの若君がいらした。ある朝、早くお目覚めになった若君が御書院《ごしょいん》[2]に入ろうとなさった時のこと、手水鉢《ちょうずばち》[3]の脇に猫が斬られて死んでいるのを見つけた。若君は近習《きんじゅ》[4]の者を呼ぶと、これはどういったことかと質問なさった。

近習が、一体誰がしたことなのかを確かめるために屋敷中に知らせを出して確認をとると、小《こ》小姓《ごしょう》[5]の蔭山只之《かげやまただの》進《しん》という者が申し出てきて次のように説明した。

「私が前夜の御寝番[6]を勤めていて、五更（現在の午前四時前後）の頃に用事に出た時[7]のことです。この縁側の先に身の丈《たけ》六尺（約一八〇センチメートル）ばかりに見える女が、髪を乱して立っておりました。変化《へんげ》[8]のものであると思い、そのまま斬り付けたのですが、いずこともなく逃げ失せてしまいました。今日のお知らせを受けまして、さてはそれが猫であったのではないかと存じる次第です」

これを聞いた若君がいたくお喜びになって「世の中にはこのようなこともあるのか」とお尋ねになると、御近習頭《ごきんじゅがしら》[9]の伴丈右衛門《ばんじょうえもん》が次のようにお答えになった。「左様にございます。その有る無しを確かに知っているわけではございませんが、世に化け物ありと申すことは繰り返し話に聞くところであります」

すると若君が「ならばその話をせよ」とおっしゃったので、とりあえず、知っている恐ろしい昔の物語をお話しになったところ、限りないご興味をお持ちの様子だった。

それからのこと、若君から、さかんに化け物話の催促がある。御近習の人々もご奉公であるから、ご機嫌を損ねぬよう様々な話を思い出すままに披露していたが、さすがに毎日毎夜とあってはお話の種も尽き、皆々、頭を悩ませることとなった。

この屋敷の料理人に、与次という者があった。この者がいろいろな恐ろしい話をよく覚えているという噂が若君のお耳に入ると、急いで参上せよとの有り難いお達しがあった。与次は若君の前に進み出ると、数多《あまた》の化け物話、あるいは幽霊、轆轤首《ろくろくび》の話、天狗《てんぐ》のふるまいや狐狸の仕業、猫や狼の悪行などなど、恐ろしい事、哀れな事、悲しい報いを話し、また、化け物を退治した武士の手柄話、化け物に臆《おく》して失敗した笑い話などを、手を変え品を変え次々に披露した。そのため、若君は限りなくご機嫌になり、それからは毎日、「与次、与次」と言って呼び出すのであった。

さて、若君がご成長なさり、国主となられたのちの事である。あの与次をお呼びになると、次のようにおっしゃった。「まだ私が幼かった頃、お前は様々な物語をして私の心を慰めてくれた。それによって私は、幼心に剛胆さと臆病さの違いを知り、また、恥と誉の是非好悪をわきまえることができた。今もってそれが役に立つことは多い。したがって、今のままの下郎[10]の身分でお前を使うわけにはいかない」

こうして、有り難いことに与次は三百石[11]を賜り、大小姓[12]格に抜擢《ばってき》されたのであった。これもひとえに百物語の数々をよく覚えていた奇特[13]であるとして、与次を羨《うらや》ましく思わぬ者はなかったという。まことにめでたい話である。

1 立身　身を立てて一人前となること。
2 御書院　書斎を意味する書院を丁寧に言ったもの。
3 手水鉢　庭に置いて、手を洗う水を張っておくための石の器。つくばい。
4 近習　主君の側に仕える職。
5 小小姓　原文「御児小姓」。小小姓（児小姓）は、身分の高い者に仕えて身の回りの世話をする少年。元服（当時における成人）後は大小姓と呼ばれる。
6 御寝番　不寝番。交代制で、一晩中寝ずに屋敷の番を行うこと。また、番を行う人。
7 用事に出た　原文「用事にまかり出で候ひし」。小用に立ったことを示すか。
8 変化のもの　化け物。妖怪変化。

9　御近習頭　近習の中で最も上位にある者。
10　下郎　身分の低い召使い。
11　三百石　「石」（こく）は米の量を表す単位。江戸期、武士の給料は米で支給されていた。
12　大小姓　本来は、小小姓が元服後に大小姓となる。しかしここでは台所方の調理人から一躍、「大小姓」格へと、異例の大出世を遂げたことになる。
13　奇特　非常に珍しく不思議なこと。

【解説】

本話は『太平百物語』巻五「百物語をして立身せし事」による。菅生堂人恵忠居士『太平百物語』は享保《きょうほう》十七年（一七三二）刊。娯楽性と教訓性を意識した編集となっており、動物にまつわる怪談が多いことを特徴とする。

本話は『太平百物語』の末尾を飾るものである。怪談を知らぬ若君が、屋敷の庭で化け猫の死体を見つけたところから怪談愛好家となり、さらにはその怪談から人生訓を学んで立派な人物になったというもので、一書の締めくくりにふさわしい話となっている。

ここでは夜中に、身の丈六尺という当時としては考えられないほど大きな姿の女が斬り付けられて逃げたのち、翌朝に斬り付けられた猫の死体が発見されるという二つの出来事が結び付けられ、化け猫が女に化けていた、という解釈が為されている。

若君が怪談に目覚める際のきっかけとして化け猫が使われていることには、どのような意味があるのだろうか。本話にもでてくる色々な化け物たち（幽霊、轆轤首、天狗など）は、基本的に非日常的な世界に属している。

それに比べて猫という存在は、日常と非日常の狭間《はざま》に位置しているのである。野生である狐狸や狼に比べても、猫は人間生活に密着しているという点で稀有《けう》な存在だと言える。猫は知っていても、猫が化けるということは知らなかった若君。これまで見ていた日常の風景の裏側に、非日常の世界が潜んでいるということを知るきっかけとして、猫が選ばれたことは偶然ではないだろう。

名刀「猫丸」の由来 ——『古刀銘尽大全』より——

猫丸　出雲国《いずものくに》（現在の島根県東部）。天神[1]の御作だという。あるいは道明[2]ともいい、国知れず[3]とも、河内有氏作[4]ともいう。これは、鼠を追って（猫が）この太刀の抜き身[5]に走りかかったところ、（猫が）鼻から尾まで裂けた、というものである。

1　天神　天満大自在天神。平安時代の貴族、菅原道真（八四五—九〇三）が没後に神として祀られたもの。道真は謀反を計画したとされて九州の大宰府に左遷された。その死後、京都の清涼殿に落雷があり、多くの死傷者が出るなどした。こうした不幸は道真の怨霊による祟りと考えられ、道真を「天神」として祀ることでその怒りを鎮めようとしたのが京都府の北野天満宮である。
2　道明　不詳。国知れずの刀工である道明を指すか。あるいは道真に縁の深い道明寺を指すか。
3　国知れず　ここでは、刀剣あるいは刀工を産出した国が不明であること。
4　河内有氏作　不詳。名刀「石切」（石切丸）を鍛えたと伝えられる刀工、河内有成か。
5　抜き身　鞘におさめていない状態の、剥き出しの刀身。

【解説】

仰木伊織『古刀銘尽大全《ことうめいじんたいぜん》』巻四「古代名物之剣」による。寛政《かんせい》四年（一七九二）刊、『古刀銘尽大全』全九巻は日本刀の目利き方法や名刀の特徴、刀工や伝承その他について記した刀剣書。

明治三四年（一九〇一）には大館海城編、大館利一著『増訂 古刀銘尽大全』上下（日本故有美術鑑定便覧第四集）が赤志忠雅堂から出版された。しかし、この増訂版には底本の内容を正確に引き継いでいない部分がある。猫丸に関しても、太刀を抜き放った際に、走っている鼠の鼻先から尾の末までが二つに裂けたという、と記している。『古刀銘尽大全』の本文では猫を示す主語が省略されていたため、増訂版では猫ではなく鼠が斬られたものと解釈したものらしい。

中世から江戸期にかけては、本書でも紹介した『古今著聞集』をはじめとして、猫と刀にまつわる話が少なくない。日中の説話における猫と刀との関わりに関する詳細は『耳袋』の解説に譲る。

本話は、菅原道真が自ら鍛えた刀を抜き身で立てかけておいたところ、走り寄った猫が真っ二つになってしまい、この刀が「猫丸」と呼ばれるようになった、とい

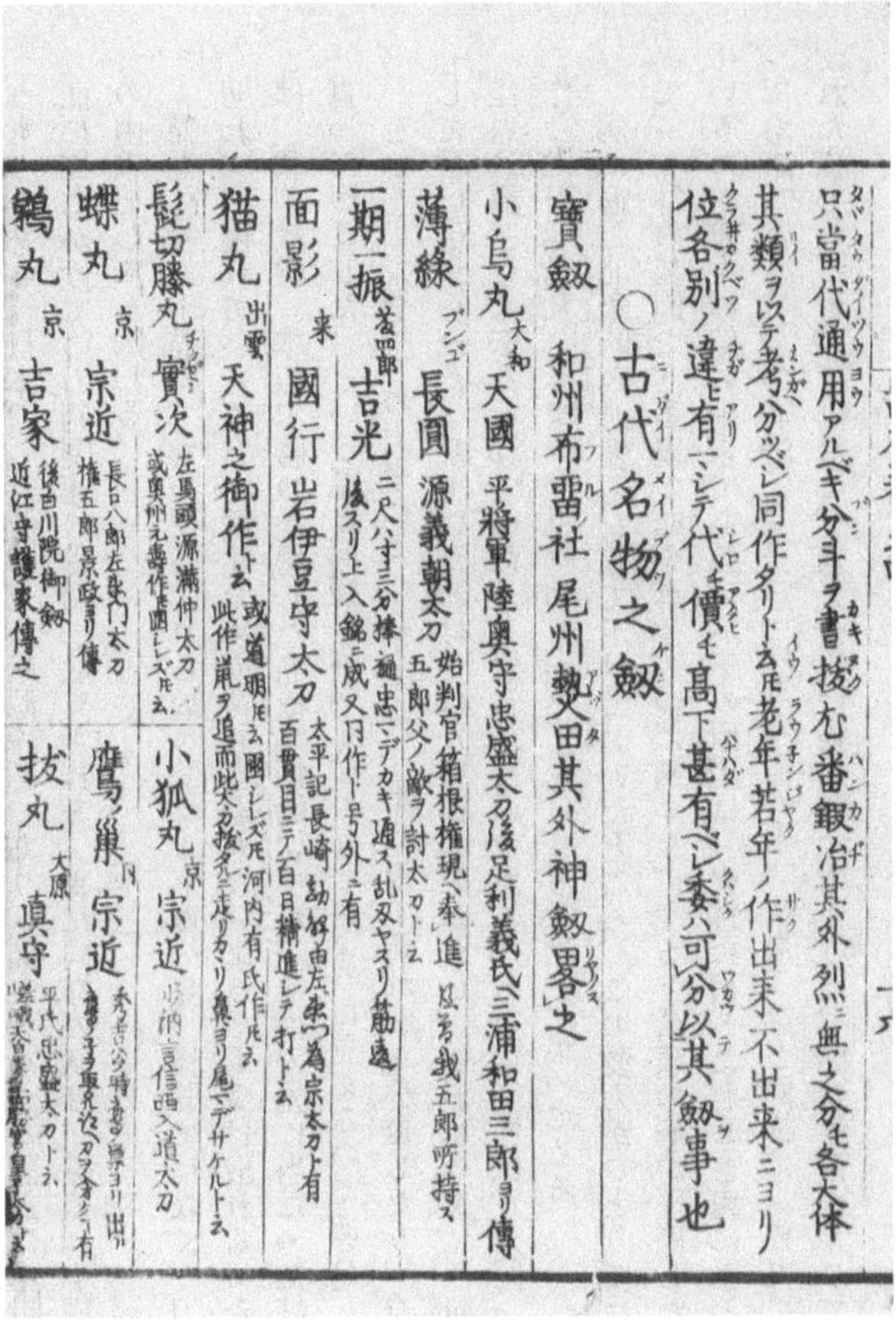

只《タダ》當《タウ》代《ダイ》通《ツウ》用《ヨウ》アルベキ分《ブン》斗ヲ書《カキ》拔《ヌク》む番《ハン》鍛《カ》冶《ヂ》其外烈ニ無之分モ各大体

其類《ルイ》ヲ以テ考《カンガヘ》分ツベシ同作タリト云ドモ老《ラウ》年若《ジヤク》年ノ作《サク》出来不出来ニヨリ

位《クラ井》各《カク》別《ベツ》ノ違《チガ》ヒ有《アリ》ニシテ代《シロ》價《アタヒ》モ高下甚《ハナハダ》有ベシ委《クハシク》ハ可分《ワカツ》以其鍛事也

○古《コ》代《ダイ》名《メイ》物《ブツ》之鍛

寶鍛　和州布留《フル》社　尾州熱田《アツタ》其外神鍛畧《リヤクス》之

小烏丸　大和　天國　平将軍陸奥守忠盛太刀後足利義氏ヘ三浦和田三郎ヨリ傳

薄緑　長圓《ブンゴ》　源義朝太刀　始判官箱根権現ヘ奉進　五郎父ノ敵ヲ討太刀ト云　又曽我五郎所持ス

一期一振　藤四郎　吉光　二尺八寸三分捧通忠ニデカキ通ス乱刄ヤスリ筋違　後スリ上入銘ニ成又同作ト号外ニ有

面影　来　國行　岩伊豆守太刀　太平記長崎勘解由左衛門為宗太刀ト有　百貫目ニテ百日精進シテ打ト云

猫丸　出雲　天神之御作ト云　或道明ト云　國シレズト云　河内有氏作ト云　此作嵐ヲ追而此太刀拔タルニ走リカカリ鼻ヨリ尾マデサケルト云

髭切膝丸　實次　左馬頭源満仲太刀　或奥州元壽作　國シレズト云

小狐丸　京　宗近　少納言信西入道太刀

蝶丸　京　宗近　長日八郎左衛門太刀　権五郎景政ヨリ傳

鷹ノ巣　同　宗近　秀吉公御時[illegible]ヨリ出ル　[illegible]ニ有

鶴丸　京　吉家　後白川院御鍛　近江守護家傳之

拔丸　大原　眞守　平氏忠盛太刀ト云　[illegible]

『古刀銘尽大全』(高知城歴史博物館蔵)

うものである。日本刀の銘をめぐる起源説話であり、猫丸をめぐる記述は中世から江戸期にかけての刀剣関連の書物に散見される。また同様の話は、脇差「小猫丸」の由来としても伝わる。

「猫丸」や「小猫丸」をめぐるこれらのエピソードは一見、怪談ではなく、刀剣の切れ味が優れていることを示すための奇談に過ぎないようにも受け取れる。たとえば、戦国武将、本田《ほんだ》忠勝《ただかつ》の愛用した名槍《めいそう》「蜻蛉切《とんぼぎり》」が、その刃先に当たった蜻蛉を真っ二つにした、という話と同様の構図を持っているように見えるのである。

しかし、「猫丸」の由来にまつわる話は、単にその切れ味を称賛したり、奇談として言い伝えられたりしていたわけではないかもしれない。これは本来、一種の妖怪退治譚として伝えられていたとも思われるのである。その可能性は、刀匠、國綱《くにつな》作の太刀「鬼丸」にまつわる説話と比較することで浮かび上がってくる。

病に悩む北条時政《ほうじょうときまさ》が愛刀を立てかけておいたところ、この愛刀がひとりでに倒れて、火鉢の装飾である鬼の頭を真っ二つに割った。すると時政の病が平癒した、というのが鬼丸の銘の由来である。病気の原因は、火鉢に宿った悪しき鬼にあったのである。この、『太平記』巻三二「鬼丸鬼切の事」にある話と同様に、猫丸に斬られた猫もただの猫ではなく、猫又や化け猫に類するような、悪しき存在として語られていた可能性がある。本堂蟹歩（平四郎）『怪談と名刀』が紹介する、怪猫を仕留めた名刀「三毛青江」の話なども併せて考える必要があるだろう。

尾の割れた赤猫 ——『元禄世間咄風聞集』より ——

柳泊《りゅうはく》[1]による話。

本多中務太輔[2]様が眠っていらっしゃる所に、大きさが犬ほどもある赤猫が忍び込んできた。しかも尾の長さは二尺（約六〇センチメートル）ほどあり、その尾の先は二つに割れていたという。それを蚊帳《かや》ぐるみ[3]にして取り押さえなさると、女中を部屋からどかせ、表から御近習の衆[4]をお呼びになり、この猫をお渡しになったという。猫はすぐに本郷の別邸[5]に移されることになったそうである。

そののちのこと、中務様のもとへ御実母[6]から田麩《でんぶ》[7]の入った重箱と、縮緬《ちりめん》[8]三反とを送られたことがあった。田麩は中務様の好物だったので、晩に至ってお休みになる前の酒の肴《さかな》になさるべく、御寝所の御床の上に田麩と縮緬とが置かれていたという。

晩方、四つ時頃（夜十時頃）になって寝酒を召し上がろうとした際、「今日届いた田麩を持って参れ」と仰せになったので（家の者が）見てみたところ、田麩は残らず食らわれ、縮緬三反には小便がかけられていた。

これをお聞きになった中務様は「おそらくこれは先日捕まえた大猫の夫猫か、あるいは女房猫の仕業に違いない」とお思いになった。そこで、またあらためて田麩を重箱に入れておいたところ赤猫がやってきて、そのまま田麩を食らい始めたので、大勢の者で寄ってたかって捕えたのである。すると、先日捕まえたものと同じ位の大きさの猫であって、夫婦猫であったように見えたとのこと。よって、これも別邸に移されたという。

以上の次第は七月上旬に狩野柳泊がいらした折、お話しになったものである。（以上の騒動は）六月下旬のことであったそうだ。

1　柳泊　狩野派の絵師、狩野柳伯（?―一七二二）。狩野柳伯（柳泊）の本名は定信、通称は粂次郎。兄柳雪の養子となり跡を継いだ。
2　本多中務太輔　播磨国姫路藩主、本多忠国（一六六六―一七〇四）。
3　蚊帳ぐるみ　原文「蚊帳ぐくめ」。蚊帳は、就寝時に部屋の四隅に吊って蚊の侵入を防ぐ網状の道具。その蚊帳を使って猫をくるんで捕まえたのである。
4　近習の衆　主君の側に仕える者。
5　別邸　原文「中屋敷」。江戸期の江戸には各藩主の江戸藩邸があった。これらは藩主の住む上屋敷と、様々な用途に用いられる中屋敷、下屋敷に別れていた。
6　実母　忠国は本多政長の養子であり、実母は小笠原右近将監忠真女。

7 田麩　原文「田夫」。魚を甘く煮てから細かくほぐした佃煮の一種。
8 縮緬　原文は「綿緬」だが、ここでは岩波文庫の注に倣い縮緬として解釈した。
9 七月上旬　元禄十五年（一七〇二）七月上旬のこと。

【解説】

本話は『元禄世間咄風聞集』のうち、元禄十五年（一七〇二）の聞き書きの中に収めてある。『元禄世間咄風聞集』は、元禄七年（一六九四）から十六年頃にかけての世間話を多く収めた筆者不詳の風聞集。原文では、筆録者よりも身分の高い者に敬語が使われており、譜代大名（関ヶ原の戦い以前に徳川家に臣従した大名）の家中の者が筆録したと考えられている。

怪異を為したというほどの行動ではないが、本多中務（本多忠国）本人や近習たちがかなりの注意をはらって二匹の猫を捕まえていること、現場から女中を下げていることなどからは、ただのいたずら猫としてではなく、怪しい存在として認識していたことが窺《うかが》える。しかし、これらの猫を殺したり捨てたりすることはなく、どちらも中屋敷に移していることは興味深い。そこにはどのような意識がはたらいていたのであろうか。

またここでは、悪さをした大猫の色が赤かったと記されている。鈴木正三《すずきしょうさん》の片仮名本『因果物語』には、八十歳を過ぎた老婆が死後七日も過ぎないうちに赤い大猫に生まれ変わったという話が載る。只野真葛《ただのまくず》『むかしばなし』には、本書で紹介した以外にも怪異を為す大猫の話があり（巻二）、それもまた赤毛であったという。『老媼茶話』には本書で紹介した以外にも猫又の話が載せられているが、そのうち、平田庄五郎という侍の老母が赤毛の猫を拾って可愛がっていたという話は、この猫がいつの間にか老母を食い殺してすり替わっていたという「鍛冶屋の婆」系統のものである。近代以降に採集された昔話にも類話があり、やはり老母に化けていたのは赤毛の猫である。

『老媼茶話』の文末には「金花猫とて、赤猫は年久しくは飼わぬものなり」とあり、赤猫を中国由来の霊妙な猫「金華猫」として認識していたことが分かる。一方、中国では人に取り憑いたり化けたりして害を為す金華猫の体色は黄、白、黒などとして認識されていた。ただし日中の古典を読む際には、色彩に関して今日的な認識をそのまま当てはめるわけにはいかない。

たとえば中国文学研究の澤田瑞穂《さわだみずほ》は明代の『説聴』にある金華猫の体色を「黄《あか》

猫《ねこ》」として解釈している（『修訂　中国の呪法』）。また江戸期の絵入り百科事典『和漢三才図会』も「純黄赤毛」の猫が妖を為すとし、本書で紹介した『谷の響』にも『和漢三才図会』に従ったとおぼしき「相伝う、純黄赤色《あかねこ》のもの、多くは妖をなす」という記述がある。中国でも日本でも、あやしい猫の体色は黄や赤で表現されており、その色は、おおよそ現代でいうところの赤茶や茶として認識されていたものと考えられる。

また、江戸期には、三毛猫が化ける、あるいは不思議な力を持つとする説も多い。『続蓬窓夜話』には、人を悩ませる怪しい猫が赤・白・黒の三色の毛を持つ三毛猫の雄であった、これが金華猫の類《たぐい》だろうか、という記述がある。同書は、三毛猫の雄は珍しいもので、必ず奇怪のことを為すとするが、実際に現代の生物学でも雄の三毛猫が生まれる可能性が非常に低いことが分かっている。

近代以降の言い伝えにおいては、三毛猫を怪しいものとする例も続いていく一方で、縁起ものとして珍重することも少なくない。たとえば漁師町では船に雄の三毛猫を乗せると縁起がいいとし、また、全国的に三毛の模様を施した招き猫も多い。ただし江戸期においては、三毛猫を怪しいものとする考え方の方が主流であったようだ。『黄菊花都路』や『反古風呂敷』でも、死体を操る猫は三毛猫である。

変わったところでは松浦静山《まつらせいざん》『甲子夜話《かっしやわ》』に、谷文晁《たにぶんちょう》の見聞として紫色の大猫の話が載る。尋常ではない猫の色として、日本では基本的には赤や三毛、そして稀《まれ》には紫などという語りが為されたのかもしれない。怪異を為す猫や奇妙な行動をとる猫の外見描写については、尻尾以外にも注意を払っておく必要があるだろう。

美女に化けた猫 ——『老媼茶話』より——

猫魔《ねこま》[1]の怪

加藤明成《かとうあきなり》[2]の家臣に武藤小兵衛という、一の町に住む二百石[3]の士があった。この小兵衛という男は東沢田村という所から美女を召し抱えて寵愛《ちょうあい》していた。また、それより以前から、小兵衛は妻として伊藤三四郎という士（二百石取り、三の町住み）の娘と約束を結んでいた。そのため、小兵衛の母は小兵衛が寵愛していた美女に暇《いとま》を出し、実家へと帰したのである。

しかしその美女は以前の通り、沢田村から鶴沼川、大川という二つの大河を越えて、毎晩、小兵衛の許《もと》へと至っては枕を並べ、契りを結ぶのであった。

ある冬の夜のこと、小兵衛は夜咄《よばなし》[4]に出かけた。夜が更けて家に帰り、いつもの如く美女を待つうちに、大雪は崩れるが如くに降り積もり、小兵衛はいつの間にか眠りに落ちていた。その折、女は雪をも厭《いと》わずに来て障子を静かに開けると、小兵衛の枕元にたたずんでいたが、たちまち虎毛の大猫となって飛びかかってきた。

小兵衛が目を覚まし脇差[5]を抜いて突き差すと、刀を二刺しされた大猫は障子を破り、外へ逃げ出した。すぐさまそれを追って斬り殺し、あらためて見ると、隣家の太田又左衛門という者の家で長らく飼っている猫であったという。

---

1 猫魔　「ねこま」は猫を示す古語。「猫魔」はたびたび見られる当て字。
2 加藤明成　陸奥国会津藩二代藩主。一五九二―一六六一年。
3 二百石　中世から江戸期にかけて、武士の給料は米で支給されており、これを石高（こくだか）という単位で示していた。石高の多寡は武家の規模を示す。
4 夜咄　よばなし。冬至から立春頃にかけて、夕暮れから開催される茶会のこと。また、夜に集まって話をすること。夜話（やわ）。
5 脇差　わきざし。小型の日本刀。江戸期の武士は本差（ほんざし）という大型の日本刀と、予備の脇差とを帯刀していた。

【解説】

『老媼茶話《ろうおうさわ》』は寛保《かんぽう》二年（一七四二）の序を持つ松風庵寒流の著作で、会津《あいづ》地方の話題を中心とした奇談集である。本書は明治三六年（一九〇三）に柳田国男・田山花袋校訂『近世奇談全集』（続帝国文庫第四十七編）に収録されたことで広く知られることになった。泉鏡花《いずみきようか》『天守物語』の典拠のひとつとしても有名である。

『老媼茶話』著者の松風庵寒流は会津藩士の三坂大彌太《だいやた》(春編《はるよし》)だと考えられている。書名に含まれる「茶話」は気楽な茶飲み話といった意味を持つ。会津の奇談集としては、よく似た書名の芥川清茂『老翁茶話』(『続会津資料叢書』所収)もあるが、それとは異なる。

小兵衛の寵愛していた美女が、最初から年老いた猫の化けていたものであったのか、はたまた、美女に暇が出された後、年老いた猫がそれに化けて小兵の許へ通うようになったのか、本話でははっきりと記されていない。前者であれば、人に化けた動物神が人と契りを結ぶ、いわゆる「異類婚姻譚」に近いが、後者であれば、猫が特定の人物に成り代わって過ごす、いわゆる「化け猫」をめぐる物語の一種ということになる。その場合、猫の目的は人を食い殺すところにある。

江戸期には、猫が人の老母を食い殺し、その姿に化けて過ごしたのちに退治されるという物語が多く記される。あやしいものが老母に化ける話はほかにもあり、その正体は猫のほかに犬や狼など、いずれも動物である。しかし、こうした話は遡《さかのぼ》れば『今昔物語集』にまで至り、同書においては年老いた老母がいつの間にか鬼に変じていた。古代および中世には猫が人に化けるとは考えられていなかったが、江戸期に入ると化け猫の観念が出てきて、またそれが広く一般化したものと思われる。

そうした同時代的な状況はひとまず置くとしても、本話を素直に読めば、暇を出されるまでの美女は人間であり、それ以降に通ってきた美女が古猫の化けたもの、という解釈が妥当であろう。

人、猫を産む ――『咄随筆』より――

金沢《かなざわ》（現在の石川県金沢市）三社町《さんじやまち》[1]での出来事。寛永の頃（一六二四～一六四四）、さる大名のご家来が抱える女中が懐胎した。一体誰の子かと訊《き》けば、その家の跡継ぎの名をあげて「弥兵衛《やへえ》様のお子です」と答えた。

弥兵衛に問いただすと決して身に覚えのないことだというが、女中のほうではあくまで「弥兵衛様のお子に間違いございません」と申して譲らないので、とりあえず、野町《のまち》[2]に住む親元に置くことにした。この時、女中が飼っていたよもぎ猫[3]も一緒に野町へ行った。

さて、臨月になって出産したところ、猫が三匹出てきた。さては、よもぎ猫が弥兵衛に化けて女中に通じたに違いない。その猫たちは籠《かご》に入れられて主人の許へと取り寄せられた。よその者にも見物させたといい、その時に実際に見たという桶屋《おけや》の弥兵衛（跡継ぎの弥兵衛とは別人）が語ったことである。

1　三社町　現在の石川県金沢市三社町。町名は氏神三社の宮があったことに由来。江戸期は武家屋敷と町屋の混在する町であった。
2　野町　現在の金沢市野町。
3　よもぎ猫　体毛に縞模様の入った猫。現在でも地方によってはこの名称を用いる。広く通用している呼称ではキジトラ、キジネコなど。

【解説】

本話は『咄随筆』下巻「人猫をうむ」による。加賀《かが》藩士、森田小兵衛盛昌による『咄随筆』上中下は元禄から享保頃にかけての怪談奇談を集めた随筆集で、加賀藩にまつわる話を多く収める。上中巻は享保十一年（一七二六）編、下巻は翌年の編。その後を継ぐべく編まれたものに森田大作良郷『続咄随筆』がある。

『咄随筆』には、ほかにも猫にまつわる怪談奇談や、他の動物に関する怪談奇談が多く収録される。江戸期には、人間が動物や河童《かっぱ》を産んだといった世間話がたびたび記録されており、当時、ある程度ありふれた話題であったことが分かる。少し変わった例としては、雌猫が人面の子猫を生んだがすぐに死んでしまったという話が、

『藤岡屋日記』安政《あんせい》四年三月二十四日の条に記してある。この時にも見物人が押し寄せたという。

本話では、女中を懐妊させたよもぎ猫の処遇が明らかになっていない。他の化け猫話では正体が分かったとたんに打ち殺されることも多いが、そう記されていない以上、このよもぎ猫は処分されなかったのかもしれない。

三匹の子猫が忌避されることなく、主家のもとに引き取られたらしきことも不思議ではある。また、女中自身は親元に返されたままであったのだろうか。色々と気になることも多いが、この手の話に現実的な推理をはたらかせてもあまり生産性はない。結局、桶屋の弥兵衛が語った以上のことは分からないのである。なお、「桶屋の弥兵衛」のように、著者に話題を提供した人の名前を丁寧に記録していることもまた、本書の大きな特色の一つである。

鶏の恩返し　―『楽郊紀聞』より―

渡嶋夘助の家に、昔から語り伝えられる怪談がある。ある時、この家で飼っていた鶏が、二、三夜続けて宵鳴き[1]したため、これを忌み嫌って夷崎の辺りの海に沈めてしまった。それを見た子どもが後で引き揚げたものの、すでに死んでいたので海岸寺の裏門の辺りに捨て置いた。

その夜、海岸寺の住職の夢に、頭に朱《あか》い冠を被《かぶ》り黄色い衣を着けた者が出て来て言った。

「私は渡嶋家に飼われているものです。この頃、我が家の飼い猫が家内の人を殺そうとしていることを知ったため、夜な夜な鳴いては危険を知らせようとしていたところ、かえって不吉なものとして、海へと沈められてしまいました。和尚のお寺は渡嶋家の檀那《だんな》寺《でら》[2]であって、明日はあの家の法要の日ですから、和尚は必ず招かれることでしょう。ねがわくばこの事を告げて下さい。また、猫に気を付けるようにして下さい」

はたして翌朝、和尚は渡嶋家に招かれた。和尚はすぐに向かって様子を窺ってみたものの、「いつもと変わったところはなかった。読経が終わって斎《とき》[3]の膳が出され、家中の者がみな膳に向ったときのこと、その家の娘の前に置かれた膳めがけて赤い猫が駆けてきて、その上を飛び越えた。和尚はこれを見ると、「お膳をあらためてみなさい」と告げた。家の者が近付いてこれを吟味すると、汁椀《しるわん》の中に小さな青蛙《ひき》[4]が一匹入っていた。それを犬に食わせてみたところ、あえなく死んでしまった。

そこで和尚は、夢に見たことを家中の者に告げた。そして、猫はすぐさま殺されたのであった。かの鶏の主人への忠義を賞して、海岸寺の境内に埋めて塚を築いたものが、鶏塚と称して今に残されている。

1 宵鳴き　宵鬨（よいどき）とも。鶏は本来、毎朝一定の時間に鳴くものであるため、夜に鳴くことがあると、不吉なことの前兆であると考えられていた（「鶏」『日本怪異妖怪大事典』参照）。
2 檀那寺　原文「檀寺」。檀家が帰属する寺院。
3 斎　法要の際、読経の後に僧侶を囲んで行う食事。お斎。
4 青蛙　ここでは小さな青い蟾蜍（ひきがえる）を指している。

【解説】

対馬《つしま》藩士、中川延良（楽郊）による『楽郊紀聞』全十三巻は万延《まんえん》元年（一八六〇）

成。著者の住む対馬（長崎県対馬市）の世相風俗など、多様な聞き書きを集めたものである。

本話に続けて著者は、この話が本当は渡嶋家に関わるものではなく、海岸寺の住職のみに関わるものであり、猫が飛び越えた膳も住職のものであったという別の説を紹介している。複数の語り手により、細部の情報が異なっていたのである。著者自身は、もともと怪談に過ぎないのだから、深く探る必要もないだろうと付記している。

さて、猫又ならぬ「猫跨《ねこまた》ぎ」といえば、魚好きの猫ですら跨いで通るほどの不味《まず》い魚といった意味の言葉だが、本話では猫が膳をまたいで（飛び越して）椀の中に毒蛙を落としている。日本各地に、猫が人の死体を跨ぐと死体が起き上がるという言い伝えがあることから、猫が何かを跨ぐこと自体に不吉な意味合いが含まれていた可能性が高いと考えられる。なお、こうした俗信は日本のみならずアジアやヨーロッパなどにも見られる。

本話によく似た「鶏塚」と呼ばれる伝説は東北地方など、各地に伝わっている。怪猫を埋めたところから瓜《うり》が生えてくる話もある。これは、季節外れの立派な南瓜《かぼちゃ》が、猫の死骸《しがい》から生えていたという「猫と南瓜」系統の話とも関わるものである。

さらに、飼っている動物の異常な行動を嫌った人間がこれを殺してしまうが、実は飼い主の危機を知らせてくれていた、というパターンの伝説としては、犬がよく知られている。その場合、「早太郎」や「しっぺい太郎」などの名を持つ猟犬が、狒々《ひひ》あるいは蛇による危機を知らせて吠《ほ》える、という話になっている。伝説によっては、同様の話が犬でなく猫によるもの、とされていることもある。

死体をさらう大猫「火車」――『北越雪譜』より――

北高和尚《ほくこうおしょう》[1]

魚沼郡雲洞村《うんどうむら》（現在の新潟県南魚沼《みなみうおぬま》市に位置する）の雲洞庵《うんとうあん》[2]は、越後国《えちごのくに》四大寺の一つである。四大寺とは、村松にある滝谷の慈光寺《じこうじ》[3]、村上の耕雲寺《こううんじ》[4]、伊弥彦《やひこ》の指月寺《しげつじ》[5]、雲洞村の雲洞庵を指す。

雲洞庵の十三世である通天和尚[6]は、霜台君[7]（上杉謙信《うえすぎけんしん》）の親戚《しんせき》であり、高徳[8]の僧であるということは今の世にも語り草として残されている。景勝君[9]（上杉景勝）もこの寺で学問を学んでいらしたということである。

一国の大寺であるから、古文書や宝物なども数多くあり、その中には「火車落とし」の袈裟[10]という物もある。香染[11]で染められた麻の生地に、血の痕《あと》が残されている。これを「火車落とし」と名付けて宝物としていることの由来は、次のようである。

その昔、天正《てんしょう》（一五七三―一五九二）頃のこと。雲洞庵の第十世である北高和尚という僧は人並外れて学門と徳行に優れた尊者でいらした[12]。その頃、この寺に近い三郎丸村の農家に死者が出た。折しもこの時、真冬の雪が降り続き、雪吹《ふぶき》も止む様子を見せなかったので、三、四日は晴を待って葬式の期日を延ばしてみたものの、一向に晴れることがなかった。そのため、強引に葬式を行った。

雲洞庵はこの家の檀那寺[13]であったため、北高和尚を迎えて出棺を行うと、親族をはじめ近所の人々もみな、蓑笠《みのかさ》で雪を凌《しの》ぎつつ野辺送りを行った。棺を運ぶ雪道も半ばに至ったときのこと、突然、猛風が生じて黒雲が空に満ちることは闇夜の如くであった。そして、どこからともなく火の玉が飛んできて棺の上に覆いかかった。火の中には、尾が二股になった異様に大きな猫があり、牙《きば》を鳴らし鼻息を荒くして棺を獲《と》ろうとしている。これを見た人々は棺を捨て、こけつまろびつ逃げまどった。

北高和尚は少しもこれを恐れる様子がなく、口中に咒文《じゅもん》を唱えると大声をあげて一喝し、鉄如意[14]を振り上げて、飛びかかる大猫の頭を打ち付けた。頭が割れたものか、血がほとばしって衣が汚された。妖怪はたちどころに逃げ去ったので、風も止み雪も晴れて滞りなく葬式を営むことができたと、寺の古い書物に書き残されている。この時、北高和尚がお召しになっていたものを「火車落としの法衣」と言って、今に伝えているのである。

1　北高和尚　曹洞宗の禅僧。雲洞庵第十世、北高全祝（一五〇七―一五八七）。出羽国に生まれ、諸国の寺院を遍歴したのち越後国雲洞庵の不点存可の跡を継ぐ。上杉謙信、武田信玄をはじめ、上杉景勝、直江兼続、武田勝頼らの名だたる武将に影響を与えた。
2　雲洞庵　雲洞庵は、北高全祝、通天などの高僧がいたことで知られる曹洞宗の寺院。
3　慈光寺　現在の新潟県五泉市に位置する。
4　耕雲寺　現在の新潟県村上市に位置する。
5　指月寺　種月寺。現在の新潟県新潟市に位置する。
6　通天和尚　曹洞宗の禅僧。雲洞庵第十三世、通天存達。越後国主の上杉景勝や家臣の直江兼続が幼少の頃、彼らに教育を施した。
7　霜台君　上杉謙信のこと。君は敬称。霜台とは律令下の日本にあって都の風俗を取り締まっていた機構「弾正台」の唐名であり、のち「弾正」は転じて役職名ともなった。霜台（弾正）と称する戦国大名には織田信長、松永久秀、上杉謙信などがいるが、ここでは上杉謙信を指している。
8　高徳　他に比べ、すぐれて徳の高いこと。僧侶に対して用いることも多い。
9　景勝君　上杉景勝のこと。君は敬称。
10　火車落としの袈裟　原文「火車落の袈裟」。北高和尚が火車を倒した際にまとっていた袈裟（僧侶がまとう衣）。
11　香染　香料である丁子（ちょうじ）のつぼみを乾燥させ、それを煎じた汁で染めたもの。黄色味を帯びた薄紅色を為す。
12　学門と徳行に優れ　原文「学徳全備」。学問に習熟し、徳ある行いに長けた様子。
13　檀那寺　檀家が帰属している寺院。ここでは雲洞庵のこと。
14　鉄如意　鉄製の如意。如意とは、僧侶が読経や説法の際に手に持つ棒状の法具。

【解説】

鈴木牧之《すずきぼくし》著（山東京山増修）、京水百鶴画『北越雪譜』は天保《てんぽう》八年（一八三七）初編刊、天保十二年（一八四一）二編刊。著者は越後（現在の新潟県）魚沼の商人。雪の仕組みや結晶のスケッチから、著者の地元である越後魚沼近辺の物産、民俗、方言、怪談奇談など多種多様な内容を収める。

火車には大きく分けて二つの意味がある。ひとつは地獄絵に描かれるような、亡者を責め苛《さいな》むために燃え盛る車およびそれを牽《ひ》く地獄の獄卒を指す。この獄卒には、後世「鬼」の図像として転用されることになる角を生やした筋骨隆々としたものや、牛頭馬頭の姿などがある。

火車のもうひとつの意味は、葬式の際に現世にあらわれて人の死体をさらうと考えられていた妖怪である。その姿は様々に想像されており、前述のような地獄絵に描かれるもののほか、大猫の姿をとる場合もある。いずれにせよほとんどの場合、黒雲に乗って空からあらわれる。本話での火車は後者、とくに大猫の特徴を宿したものである。

元禄六年（一六九三）刊、蓮体《れんたい》『礦石集』をはじめとして、怪談集『多満寸太礼《たますだれ》』

の火車等々、江戸期において死体をさらいに来る火車が猫の特徴をもって描写されることは数多い。しかし火車と猫が一切、関連を持たない場合もある。たとえば『諸国里人談』には猫の怪が多く記され、また火車についてもかなりの数が記録されるが、火車が猫の特徴を宿していたという記述は一切ない。

『北越雪譜』本文中では死体をさらう妖怪を「尾はふたまたなる稀有の大猫」と記しており、それを直接に「火車」と記すことはない。ただし、その妖怪について述べた前後の文章でそれぞれ、妖怪を退治した北高和尚の法衣を「火車落の袈裟」、「火車おとしの法衣」と記している。このことから、「尾はふたまたなる稀有の大猫」が「火車」と同一の存在であることは疑いない。ただし本文中で妖怪を直接に「火車」と呼んでいないことには留意しておく必要があろう。

『北越雪譜』には「泊り山の大猫」という話もあり、山中に潜んで姿をあらわすことのない恐ろしい大猫について記されている。その声は山々に響き渡るようであり、雪上に残された足跡は大きな丸盆の如くであったという。

死人をさらう雷獣 ――『奇談雑史』より――

常陸国《ひたちのくに》の潮来《いたこ》（現在の茨城県潮来市）に長照寺という禅宗の寺があり、古猫を飼っていた。ある夜のこと、この寺の僧の夢に古猫があらわれて、次のように言った。

「この寺の檀家[1]である某[2]の老母は、今日死去したという。明日の午《うま》の刻（真昼頃）に葬送があると聞く。それに関わることだが、我は雷獣[3]の仲間入りをした上で、明日その檀家の死人をさらいとることになる。我が死人をとらなければ、雷獣に仲間入りすることは叶《かな》わない。是非とも死人をとらねば」

僧は答えて言った。「その人は私の寺院の檀家であり、明日、私が引導することになっている。どうしてお前などにとらせるものか」

これを聞き入れない猫が「是が非でもとるのだ」と言ったところで夢が覚めた。僧は檀家の某に言って厚い板で棺を作らせると、かすがい[4]を使って堅く封じた。そして午の刻に行う予定を巳《み》の刻（午前十時頃）にし、一刻（二時間）ほど早く葬礼を済ませようとしていたところ、たちまち黒雲が舞い降りると辺りは真っ暗闇になってしまった。棺の板が裂ける音がし、実際に二寸ほど裂けると、死骸はさらわれて跡形もなくなってしまった。

それから三日が過ぎると、寺の裏にある畑の中に老母の死骸が投げ置かれていた。その死骸には少しの傷も付いていなかったという。

1　檀家　特定の寺院に帰属する家系の者。
2　某　ある人の名前がはっきりしない場合や、理由があって名前をぼかす際に用いられる言葉。
3　雷獣　落雷とともに地上に落ちてくると信じられていた妖怪の一種。
4　かすがい　二つの木材を繫ぎ合わせるために使われる、コの字状をした釘の一種。

【解説】


安政三年（一八五六）の跋文《ばつぶん》（後記）を持つ『奇談雑史』は下総国《しもうさのくに》の宮負定雄《みやおいやすお》による奇談集であり、下総および常陸にまつわる話を多く収めている。本書は民俗学者・柳田国男が明治四十三年（一九一〇）に発表した論考「山の神とヲコゼ」による紹介で広く知られることとなった。

著者の宮負は国学者・平田篤胤の門人であった。篤胤は、天狗の住む世界と江戸とを行き来していると自称する少年、寅吉からの聞き書きを『仙境異聞』にまとめたが、その後、大人になった寅吉は宮負の住む下総へと居を移し、両者は親しく行き来していたようである。

さて、人間の死体をさらう妖怪に「火車」というものがある。ときに火車は猫の姿をしているとも信じられていた。また、それとは別に、落雷とともに地上に落ちてくると言われていた「雷獣」という妖怪があり、これは常陸国の筑波山に多く産するとも考えられていた。宮負の師である篤胤も、雷獣や火車に関する寅吉からの聞き書きを『仙境異聞』に載せている。

『奇談雑史』では雷獣が猫の変化したもので、人の死体をさらうと記されており、珍しい例だと言える。ただし雷獣が猫に似た姿をしているという記事は『甲子夜話』巻二の三三などにも見られ、猫と雷獣ともあながち無関係ではなさそうである。火車は雷雲に乗じてあらわれるものであり、猫および雷雲という火車と雷獣との共通点をもとに、猫が雷獣に変じて死体をさらうという話が作られたものであろう。

大猫と焼きおにぎり ――『むかしばなし』より ――

土《ど》井山城守《いやましろのかみ》[1]様の治める国にある刈屋城《かりやじょう》[2]に、子犬ほどの大きさの猫が棲《す》みついていました。城の番人たちは時々これを見かけることがあり、「大猫」と名付けていましたが、とくに悪さをするものでもありませんでした。

はたしていつ頃からこの猫が城内にいるのか山城守様ご自身もご存じなかったと、猫の話が出たときなどに、お父さま[3]はたびたび仰《おっしゃ》っていました。

数年を経たある春のことでした。例年より花の盛りもよく、また、あまりに天気がよくてのどかな一日だったため、番をつとめる侍たちが申し合わせて、花見でもしながら外庭の芝生の上で弁当を食べようという話になりました。

すると、どこからやってきたものか、えもいわれぬ愛らしさの子猫――毛色は見事なぶちで、紅の首輪をつけていました――が芝生の上を駆けめぐり始めました。胡《こ》蝶《ちょう》[4]に戯れて遊び狂う様子があまりにも美しかったため、一同は皆、すっかり見とれてしまいました。そのうちに、このような子猫がどうやって城内まで迷い出てきたものか、不思議なことだなどと言いつつ、これを手懐《てなず》けようとして一つの焼き飯を投げ与えました。
駆け寄ってきて焼き飯をくわえた途端、この猫は、古くから屋敷に棲むあの大猫に姿を変えました。「それ、大猫の化けたものであったか」と言われるとすぐに逃げ去り、その後、番人たちは絶えてその姿を見なかったといいます。なんとも不思議なことであったと、山城守様から直々に伺ったとお父さまが仰っていました。

1 土井山城守　三河刈谷藩第二代藩主、土井山城守利徳（どいとしなり）。一七四八―一八一三。
2 刈屋城　三河国碧海郡刈屋（現在の愛知県刈谷市）にあった城。刈谷市が一九五〇年に市制施行されて以降、「刈谷城」と表記されることもある。
3 お父さま　原文「父様」。著者、只野真葛の父である工藤平助のこと。『むかしばなし』は、真葛が妹のために書き始めた忘備録という性格を持っていた。
4 胡蝶　蝶のこと。胡蝶と猫とは中国においてセットで描かれる画題であり、日本にもこうした絵画が伝わっていた。

【解説】

本話は『むかしばなし』巻五に収められたものである。只野真葛（一七六三―一八二五）『むかしばなし』は天明《てんめい》期前後の様々な事象について記した随筆。真葛は本名をあや子といい、仙台藩の藩医であった工藤《くどう》家の工藤平助《へいすけ》（球卿《きゅうけい》）の娘として江戸に生まれたのち、結婚して仙台《せんだい》に移った。

十代の頃には父と交流のあった国学者、村田春海《むらたはるみ》からその文才を称され、また後年には読本『南総里見八犬伝』で名を馳せた曲亭馬琴《きょくていばきん》から高く評価されて入門を許されている。なお本書では馬琴の黄表紙『猫奴牝忠義合奏』も紹介しているので併せて鑑賞されたい。

『むかしばなし』と題してはいるが、舌切り雀や花咲か爺の話を集めたような、民俗学でいうところの「昔話」集ではない。あくまで著者である只野真葛が幼い頃に聞いた昔の話を、思い出すままに書き留めたという体裁の記録である。起筆の理由は、母のことを何も知らないと嘆く末妹のために両親の家系にまつわる話を書き残すことにあった。

しかしそれ以外にも、オランダ由来の文物の話、一昔前の世相、芝居や歌のこと、知識人との交流をはじめ、本話でとりあげたような大猫のほか狐に化かされた話や、偽物の化物屋敷を作って人を驚かせた松平出羽守の話など、むしろ民俗学でいうところの「世間話」（噂話）を数多く収めており、様々な示唆に満ちた一冊となっている。『むかしばなし』には本話のほかにも巻一に、真葛自らが過ごした袖ヶ崎の屋敷における化猫騒動の顛末《てんまつ》が記してある。

鍋島の化け猫退治 ──『肥前佐賀二尾実記』より──

（あらすじ）──その昔、江戸にある鍋島家のお屋敷で殿に仕える者に森半右衛門《もりはんえもん》という者があり、黒猫を飼っていた。この黒猫は真っ赤に光る目と二又に割けた尾を持つ恐ろしい姿だったが、猫を溺愛《できあい》している半右衛門は意に介さなかった。しかしある日のこと、この猫が行方不明になってしまった。

その後、恐ろしい猫があらわれて殿の喉《のど》に食いつこうとしたが、殿は刀で額を切りつけた。役人が血糊《ちのり》の跡をたどると、半右衛門の家の近くまで続いていた。その頃、半右衛門の老母は病に寝付いていた。半右衛門が自らの飼い猫を怪しんで自邸の床下を捜すと、心当たりのない人骨が出てきた。

半右衛門が猫を怪しんで色々と調べていることを知ると、老母は急に不機嫌になって怒り出すのであった。やがて老母は恐ろしい猫の姿となり、半右衛門の家から逃げ去った。これまで母だと思っていたのは、母を殺して飼い猫が化けたものであったのだ。半右衛門はこのことを殿に報告した。殿はこの猫を見つけて殺すよう命令し、若者たちは褒美を求めて猫を捜し回ったが、ついに見つけられなかった。

お屋敷の桜が見事な花をつけた頃、殿は佐賀城《さがじょう》に残した奥方を想い、一枝を手折って和歌を結び付けると国元へと送らせた。運搬の役を仰せつかった小崎重右衛門《じゅうえもん》は、道中、異様な体の重さに苦しめられたが、なんとか奥方へと桜の枝を届けた途端に体が軽くなった。すると、夜になって女中たちのいる奥座敷で大騒動が起きたが、役人の問いかけに答えた女中たちは何事もないと言う。

さて、殿様が江戸から国元へとお国入りすることになった。先導をつとめる大沢内蔵之進《くらのしん》はじめ御供の者たちに守られ、殿は無事に佐賀城へと着いた。ところがその晩から、殿は憑き物にとりつかれたようで、夜な夜な高熱に苦しめられる。

家中の者どもが不寝番をつとめようとしたが、夜になると猛烈な睡魔に襲われて役目を果たせない。そこで、殿を救う祈禱《きとう》を頼まれて不動明王を念じている明王院という僧が、伊藤惣太《そうた》なる剛力の足軽を不寝番に推薦した。

夜になり、他の不寝番たちが眠りこけた時、駒下駄を鳴らして殿の前にあらわれたのは女中たちを引き連れた奥方だった。伊藤惣太だけが小刀を自らの膝に突き立てて眠らずにいると、奥方は驚いた様子だったが、いつものように殿を苦しめると笑いながら去っていった。

惣太はこのことを内蔵之進に報告した。はじめ内蔵之進はこれを疑っていたが、試みに奥方や女中と夜通しの酒宴を開いてみたところ、その夜に限っては殿の体調に異変がない。そこで内蔵之進は、黒猫が仲間を連れて奥方や女中を殺し、成り代わっているのではないかと考えを改めた。

そこへ、先だって奥方に桜の枝を届けた小崎重右衛門が急いでやってきて、申し上げたいことがあると言う。最近、夢に黒猫が現れて、「あなたの肩を借りて国元まで来られたので、望みを叶えることができました。お礼を申します」と告げたのが気になって報告に来たのだという。これを聞いた内蔵之進は手を打って納得し、黒猫が奥方に成りすましていることを確信したのであった——

内蔵之進と惣太は二人とも、重右衛門の語ることを聞くやいなや刀の目釘《めくぎ》[1]を湿して立とうとしたが、「万一、し損じてしまってはいけない。まずは様子を見よう」と、またもや酒肴《しゅこう》を拵《こしら》えた。内蔵之進がこれを奥座敷へと持ち至れば、女中たちはみなこれを見て、「また内蔵之進さまの長話が始まるのですね。今日はゆっくりと承りましょう」と言って立ち騒ぐ。

奥方も機嫌よく輿に乗って、酒宴に及んだところを見計らい、惣太は次の間[2]にて肥《ひ》前忠吉《ぜんただよし》3の鍛えた二尺八寸（約八四センチメートル）の刀を腰に構えた。身の丈は六尺（約一八〇センチメートル）あまり、骨太にして並ぶ者なき剛力で支度を整えたさまは、いかにも勇ましいものであった。

すっと次の間から出ると、奥方はじめ女中たちはいずれも惣太を見て「これは」と驚きなさるのだった。惣太が「先日の夜はわざわざご苦労なお見舞いでございました」と言いつつ刀を抜き放ち、ただ一打ちにしてやろうと思えば、「これは無体なこと。なにをするのです」と仰せになりながら側にあった煙草盆4でハッシと受け止めてあしらう御身の取り回し、なんとも自由自在であった。

さすがの惣太も攻めあぐねている様子を見ると、内蔵之進は立ち上がって「奥方に何をする」と言いざま、油断を見澄まし刀を抜いて（奥方を）斬りつければ、肩先から乳の下まで斬り下げられ、「あっ」とばかりに倒れ伏す。そこに惣太が乗りかかって止《とど》めを刺している間に、内蔵之進は抜き身の刀を振り回して女中を残らず斬りまくる。惣太も続いて斬り回れば、なんなく残らず斬り殺せた。

すると即座に女中たちは凄まじい姿の猫となって現れ、全身から毛を生やして、手足の鋭い爪も顕《あらわ》になったのである。しかしながら奥方だけはなにも変わらず、普通の女の死骸であった。そこで内蔵之進と惣太は困り果て、さてどうすればいいのかと案じるのだった。

この騒動を聞きつけて、役人たちが我も我もと駆けつけては、この様子を見て大いに驚き、「ご両人、お手柄、お手柄」と褒める中にも、内蔵之進と惣太は奥方の死骸がいつもと変わらぬ様子に心を痛めていた。家老、用人が立ち会って言うには、「このことは甚だもって難しく、もし本当の奥方に相違なければ一大事である」

内蔵之進と惣太は内心で切腹の覚悟を決めたが、惣太は「いずれにせよ、まことの奥様ならば、それがしを見て驚きなさるはずはありません。何にしても怪しいくせものに決まっております」と言った。しかし、「ご遺体がいつもの奥様のような姿であるからには、判断は決まっている」との評議が定まり、無念にも内蔵之進と惣太は切腹かと見えた。

そこに、このことを聞くとともに明王院が駆け至り、まずは二人を押しとどめてから言った。「みなさん、早まりなさるな。年を経たくせものはすべて、死んでも三日三晩その正体を見せないということもあります。しかし、太陽や月の光を受ければすぐに正体をあらわすとも申します。この死骸を日向《ひなた》に出してよくよく見てみなさるがよい」

そこで、すぐに死骸を日向へ運んで見てみれば、不思議なことに、日の光が差すと同時に、全身から真っ黒な毛が生え出し、手足からは剣のような爪が生じ、尾は二つに裂け、なんとも恐ろしい古猫の姿があらわれたのであった。人々は「やっぱり」と手を打って明王院の才智に感じ入り、皆、畏《おそ》れ入ったとのことである。

――こうして、内蔵之進と惣太の忠義にも証《あかし》が立った。殿様も日を追って元気になった。奥方の下屋敷には奥方と女中の遺体が積み重なっていたので、ねんごろに弔いが行われた。内蔵之進と惣太には過分な褒美が与えられ、とくに、足軽だった惣太は異例の大出世を遂げたのである。明王院にも、その祈禱と才智を称えて褒美が与えられた。

そののち、殿様が江戸屋敷に戻った際、お屋敷の中に「猫堂」という堂が建立され、奥方や女中たちが供養されたという――

1 目釘　日本刀の刀身を柄に固定するための釘。刀を使う際には直前にこれを湿らせて、衝撃を受けても抜けないように準備するのが常であった。
2 次の間　主な座敷の隣にある控えの部屋。
3 肥前忠吉　鍋島家の御用刀工。
4 煙草盆　キセルなどを置くための喫煙道具。

【解説】
『肥前佐賀二尾実記《ひぜんさがふたおじっき》』は写本で伝えられた実録体小説である。作者不詳、成立は近世後期の初頭かと推測される。『肥前佐賀二尾実記』には、まったく別個の二つの作品が収められている。前半部分は母を殺された百姓の作右衛門による敵討ち物であり、後半部分（巻二十四から三十）が、二又に分かれた尾を持つ怪猫にまつわる実録となっている。つまり、書名は後半部分を反映したものである。

江戸期には特定の藩のお家騒動に材を取った化け猫の物語、いわゆる「猫騒動」に関する実録が作られ、そこから芝居や戯作《げさく》などの創作メディアで様々なかたちの新たに変奏された物語群が紡がれてきた。中でもとくに人気の高かったのが佐賀鍋島藩の猫騒動であった。

鍋島の猫に限らず、猫騒動における猫の行動原理は多くの場合、主家に対する「忠義」である。すなわち、江戸初期に竜造寺家から鍋島家へと政権が移ったことを恨む風があり、それが、竜造寺家の猫が鍋島家の殿様を苦しめる、しかし最後には鍋島の家臣によって討ち取られる、という物語に展開したのである。作品によって様々な違いがあるが、基本的に鍋島の猫騒動に関する物語には、このような構造の物語が多い。

しかしながら『肥前佐賀二尾実記』では竜造寺、鍋島両家の争いが描かれず、化け猫の行動原理には忠義も関係していない。そのため本作を、化け猫騒動にまつわる物語の原型だと考える向きもある。そうした意味で、本作は江戸期の化け猫騒動を扱った物語の中でも、きわめて重要な位置にある作品だと言えよう。

なお、江戸随筆『耳袋』には本書でも紹介したもの以外にも猫怪談が収められており、そのうちの一つである「猫の人に化し事」(巻二)は『肥前佐賀二尾実記』の後半に近い展開である。ある男が、化け猫が老母に化けていると思って斬り殺したものの、死体がなかなか正体をあらわさない。いちどは切腹を申し出るも押しとどめられ、夜まで待ったところ、死んだ老母の姿が次第に古猫の死骸へと変じた、という話である。

こうした展開は、古いかたちの化け物退治の物語を複雑化させて、新たな面白みを生み出している。それと同時に、化け物そのものの恐さだけでなく、化け物と思って無実の人を殺してしまったかもしれないという、人間社会のルールを逸脱してしまうことへの恐怖が加味されている。

猫と死体の敵討ち ――『猫奴牝忠義合奏』より――

（あらすじ）――大昔、伊賀国に卒井《いさい》承知之助《しょうちのすけ》[1]という武士がおり、その家臣、木足《きたり》喜之助《きのすけ》[2]の惣領《そうりょう》[3]に甚六《じんろく》[4]という者がいた。名前とは裏腹に慈悲深く我が身を大切にする律儀な男であった。父の喜之助が世を去った後のある日、用あって甚六が北の村に赴くと、同じく卒井の家臣である鱈復孫左衛門《たらふくまござえもん》と草履取りのずぶ六が酔っ払って榎《えのき》の木の上に猫を追い上げ、犬をけしかけて食い殺させようとしているところに出くわした。

不憫《ふびん》に思った甚六は孫左衛門をなだめすかして猫を助けて連れ帰った。その頃の犬猫はよく喋るものだったようで、助けられた猫は身の上話をはじめた。猫はもともと京の田舎である八瀬の里にいたが、ある日、腹を下して粗相をしたことにより飼い主に捨てられ、妻を残して路傍を彷徨《さまよ》っていたのだという。

恩義を感じた猫は甚六を主人と慕い、毎日、野山で魚や鳥などを得ては届《と》けるようになるが、甚六からは、他人のものを盗ってくることのないよう固く言いつけられていた。ところがある日、どうしても獲物が捕れなかった猫は鱈復孫左衛門の飼っていた鶏をくわえてきてしまった。孫左衛門はこれを犬の仕業に違いないと決めつけると、近所の犬を半殺しにした。

このままでは仲間が根絶やしにされてしまうと考えた犬たちは、鶏殺しの下手人を探り始めた。すると事情通の犬が、それは甚六の飼い猫の仕業だと言った。犬たちは腹を立て、猫を食い殺して身の証を立てようと相談した。これを知った甚六は猫に、もとはお前のよくない行いから始まったこと、どこかで山猫にでもなって騒動が収まるのを待つように、と告げた。こうして猫は、泣く泣く甚六の許を去ったのだった。

さて、猫が逃げたことを知った犬たちは、自分たちの身の危険を感じ、孫左衛門に、甚六の猫が彼の鶏を盗み出したと言いつけた。怒った孫左衛門は、夜陰に乗じて犬たちをけしかけると、自ら甚六に止めを刺して殺してしまう。これを聞きつけた猫はギャアギャアと嘆き悲しみ、主《あるじ》の仇討《かたきう》ちを心に誓った――

鱈復孫左衛門が甚六を斬り殺して立ち去ったということは明らかであった。しかし甚六は独り身であったから、誰一人その仇を討とうという者もなく、死因についても張り合いのない気の抜けた取り調べとなったのだった。

一方、甚六を主人と慕う猫は、なんとしても孫左衛門を討ち取って主人の無念を晴らそうと心に思うのであった。しかし、そこは畜生に生まれた哀しさ。人間に刃向かうすべもなく、悔しさは募るばかり。ひたすら思案に暮れるうち、突然ハッと思いつくと、猫は甚六の遺骸が到着するよりも早く菩提寺[5]に走っていき、湯灌場《ゆかんば》[6]の樋《とい》[7]と樋との間に身を潜めた。

やがて甚六の棺は菩提寺へと送られた。この寺の本尊は尻喰観音《しりくらいかんのん》[8]といい、至って名高い霊地なのである。法事が終わったので棺を湯灌場へと移し、坊主[9]が剃刀《かみそり》を斜めに構えて髪剃《こうぞり》[10]をしようとしたところ、あやしいことに亡者がむくむくと身を動かして生き返り、一散に駆け出した。葬儀の施主も坊主も肝と手桶《ておけ》を一気にひっくり返し、呆気《あっけ》とお布施まで一緒に取られてしまった。

(こうして甚六の死体はカタカタと動き、猫はその口を借りて歌い出した)

「カタリカタリ[11]、カタカタカタリ、イヤよんやな[12]」

「幽霊だとはこりゃ、とんでもねぇ、とんでもねぇ」

「生き返るもヒキガエルもねぇ、いらぬ止めだてをすると、これこの通りだ」

「アア、投げられた！　誰か起こしてくんな。これでは始終、中気[13]になってしまう」

「皆の衆、よろしく頼みます。愚僧[14]は早く逃げ申すぞ」

甚六の死体に猫が乗り移ったことにより、なんと、その力は日頃の百倍ほどになった。死体を支える者を踏み倒すと、甚六の家へと一散に走って帰り、衣服をあらため大小の刀[15]を着し、すぐさま一通の願書《ねがいしょ》をもって上司の許へ馳《は》せ参じた。

そして敵討ちの暇《いとま》を願い出たところ、さすがは承知之助殿、早速「承知」とあって仰せのことには、「古来より、自分自身[16]の仇を討ちに出た者はかつて聞いたことがない。唐《もろこし》にては晋《しん》の予譲《よじょう》[17]、我が国[18]にては曾我《そが》兄弟[19]にも勝る志」との賞美があって、無事、敵討ちのお暇を賜ったのである。

「自分が討たれて自分が敵討ちに出るとは、我が手を我が手に届けるようなもので、とびきりの人情が見える、見える」

「そう生きたり死んだりなさっているからには、きっと男になられる、なられる」

「一日、二日ほど死んでおりましたゆえ、万事、心がせわしゅうございます。それでは、すぐさま出発致しましょう」

惣領の甚六(実は猫)は、敵の鱈復孫左衛門が都に隠れたことを聞き出した。幸い、八瀬の里[20]にある権七の家は、我が乳母のいるところ。この十年余りは便りを聞かないが、切ない時の上方筋[21]、ほかに頼る当てもなし、と乳母である婆《ばば》の家に上がり込んだ。

貧しい暮らしを送るうちに、ある夜、鼠を捕まえようとして甚六は二階から落ちて腰を痛めてしまった。これでは敵に出会っても本望を遂げられないと大いに気を揉《も》み、医者も湯治を勧めたが、さしあたっては空っけつの一文無し、ますますじれったく思うのだった。

「お前様はこの婆が育てた若子《わこ》[22]さまではなくて、どうやら猫さまのように思われます。ただ重宝なことに、あなたの目を見れば時間が分かります」

「膳には猫足[23]を付け、椀には鮑貝《あわびがい》を使い、飯には鰹節《かつおぶし》を混ぜることだ」

通りすがりの猫が言う。「あのお客は野郎の雪の下を見るように、鮑貝で露命を繋ぐ奴さ」

甚六は湯治に出る路銀にも困る有様。婆も以前仕えた主人の難儀であるからして、せめて娘の一人でもあれば、敵討ちの決まり文句が幾つかあって、ついにその娘が身を売って妙薬を調える……とかなんとかいう筋書きにもなるべきところ、子《こ》というものにはうどん粉《こ》にすら事を欠き、めすねこ一匹のほかに、この字の付いたものはない。

どうしたらよかろうと婆は側でおろおろするばかり。ところで、この婆の家の雌猫は甚六が来てからというもの尾を振って喉を鳴らし、片時も側を離れることがない。何を隠そうこの猫こそ、甚六が助けた猫の妻だったのである。この家にいるとはお互いに知らなかったもの同士、自然と寄り添う不思議な縁。

　すると難波《なんば》の浦の船乗りがこの雌猫を見てしきりに欲しがる。船中では三毛猫[24]を有難がるものであるから、銭五百から始まって、ついには五両まで値が上がり、婆はこの猫を売って路銀に変えると、翌日、甚六を有馬《ありま》[25]へと湯治に発《た》たせた。

「夜歩きをして犬に出会い、怪我などしてはいけませんよ」

「さあさあ、なかずに歩け歩け」

「西行《さいぎょう》法師[26]の猫じゃあるめぇし、猫一匹を五両で買うとは、これが本当の猫に小判だ」

「今朝下さった干物の頭をあまりの硬さに食べ残し、縁の下へ置いたまま見捨てて行くのがわしゃ悲しい」

　さて甚六は思いがけず五両の金にありついたので、駕籠《かご》で一気に有馬へ下ると、一回りばかり湯治して打ち身もさっぱり治ったのである。そこですぐに西国へ赴いて敵を尋ねようとしたが、その夜のこと、奥座敷に大勢の芸者を集めて騒ぐ客がいた。よくあることよと寝ながら聞いていると、この頃、顔見知りになったおえんという踊り子が慌ただしくやってきて言う。

「わたくしはあなたの為に身を売ってこの国に参りました、あの乳母の家の雌猫でございます。今日、奥座敷に逗留《とうりゅう》している客こそ鱈復孫左衛門。早く踏み込んで本望を遂げて下さいまし」

みなまで聞かず甚六は、身支度をして走り出た。

「めずらしや孫左衛門、いつぞやお前に討たれた惣領の甚六のせがれ……ではなくて、やっぱり甚六。おれの仇を討つために憂き艱難《かんなん》の年月重ね、ここで会ったが浮き木のつめとれ饂飩屋《うどんや》[27]の花鰹[28]。こっちからぶっかけようか、そっちからぶっかけるか、さぁさぁなんとする」と詰め寄られ、孫左衛門は肝を潰《つぶ》し杯も踏みつぶす。

「殺した仇と出会うとは、ここは地獄か極楽か、死んでまた来るお釈迦の身でも、よもやご存じあるまい」と、不意を突かれて夢なら覚めよと狼狽《うろた》え回る。

「これは不思議な巡り合わせ。おえん殿、本望遂げるは今宵《こよい》のうち。庭の飛び石伝いに、おお、それそれ」

「急《せ》いては事を仕損じまする。取り逃がさぬよう、お分かりか」

しかし不敵な孫左衛門は、げたげたとせせら笑って言った。「良いところへ来た惣領の甚六。返り討ち……ではない、殺し直してやろう。さぁ来い」と、両人互いに刀を抜き合わせ、火花を散らして戦えば、有馬の湯女芸妓《ゆなげいこ》はみな散り散りに逃げて行く。その人波に乗じて外へと逃れる鱈復とずぶ六。

甚六はこれを逃がさじと追いかけて、ついには屋根試合となった。もとより猫の乗り移った甚六は、屋根の上ならお家芸。棟も庇《ひさし》も厭わずに飛鳥の如くに駆け回り、ずぶ六を斬って落とす。孫左衛門も肝を冷やし、自ら怯《ひる》むは昼鼠が猫に出会うが如くにて、胸に風穴、止めの刀、えぐり苦しむ七転八倒。孫左衛門ついに甚六に討たれることこそ、ああ心地よき結末かな。

——こうして甚六は八瀬の里の乳母に本望を遂げたことを告げた。敵を討ったことを承知之助殿に報告すると、承知之助殿は褒美をとらせようとしたが、甚六はこれを固く辞退した。ただし、乳母を一生安楽に養ってやろうとのお言葉には感涙を止めかね、平伏してこれを受けたのであった。

さて甚六を休ませてやろうと、みなで抱えて立たせようとしたところ、さながら朽木を起こすが如く、甚六の体はばらばらと砕け落ち、そこにはただ白骨だけが残った。この時、屋根裏で猫の鳴く声がしたので、みなは初めて、甚六の死骸に猫が乗り移って敵を討たせたのだと悟ったのである。

その日、つがいの猫が小川に身を投げて死んだ。さだめし、甚六に恩返しをした猫であろうということで、二匹の猫は甚六の墓の左右に埋められた。その川の名は、今も猫川と呼ばれているという――

1　卒井承知之助　委細承知之助（承知之助）とは、「承知」の意を人名のように言った俗語。江戸期の洒落本などに見られる表現。本作においては「委細承知之助」という言葉の擬人化とも受け取れるキャラクター名である。
2　木足喜之助　山東京伝の黄表紙『江戸生艶気樺焼（えどうまれうわきのかばやき）』（一七八五年刊）や、同じく京伝の洒落本『通言総籬（つうげんそうまがき）』（一七八七年刊）にも道楽息子の北里喜之介（きたりきのすけ）というキャラクターが登場する。
3　惣領　跡取りのこと。
4　甚六　原文「惣領に甚六といふ男あり」。「惣領の甚六」とは、大事に育てられたが故に世間知らずとなった跡取りを指して使われる俗語。本作における甚六は主人公の名前である。
5　菩提寺　原文「檀那寺」。ここでは甚六の家が先祖代々、帰依している寺。
6　湯灌場　寺内に設けられた、湯灌を行うための場所。湯灌とは、葬儀に際して遺体を入浴させ、現世で生じた肉体と魂の汚れを洗い清めること。
7　樋　水を運ぶために作られた装置。とい。ここでは湯灌場で湯桶に湯を張るために設置された樋。
8　尻喰観音　尻喰らい観音とは、恩を忘れて相手を罵ることを指す俗語。尻喰らえ観音とも。困ったときだけ観音に頼り、困難が過ぎれば観音を罵ることによる。六観音の縁日が終わってから次第に闇夜になることを「尻暗い」と言っていたのが語源だともいう。
9　坊主　原文「納所」。納所坊主（なっしょぼうず）のこと。寺において金品の出納を管理する下級の僧侶。
10　髪剃　仏弟子（釈迦の弟子）になったことを示すため、葬儀に際して死体の髪を剃ること。こうずりとも。

11 カタリカタリ　この部分、原文「猫がいふ、カタリ〳〵カタ〳〵カタリ、イヤよんやな」。死体が動き出したことを、猫自らが声に出して表現している。

12 よんやな　民謡などの囃子詞（はやしことば）。よいやな、よいやさ。

13 中気　中風。手足の痺れや麻痺などの諸症状。

14 愚僧　僧侶が自分を指して使う言葉。謙譲語。

15 大小の刀　日本刀と脇差のこと。

16 自分自身　原文「我と我身」（われとわがみ）。

17 晋の予譲　春秋戦国時代の晋に生まれ、主君の仇を討とうとしたが果たせずに自決した刺客、予譲のこと。『史記』刺客列伝・二十六。

18 我が国　原文「わが朝」。本朝すなわち日本の朝廷、転じて日本のこと。

19 曾我兄弟　鎌倉初期に敵討ちを行ったという兄弟。中世、語り物としての『曾我物語』が広まり、写本が作られたのち、江戸期には人形浄瑠璃や歌舞伎として人気を博した。

20 八瀬の里　八瀬は現在の京都市左京区に位置する地名。

21 上方　京都や大坂を中心とした畿内のこと。

22 若子　若様。お坊ちゃま。

23 猫足　猫脚。猫の脚のように湾曲させたデザインの家具の脚のこと。

24 三毛猫　船乗りは縁起物として三毛猫を船に乗せることを好んだ。

25 有馬　摂津国有馬（現在の兵庫県神戸市北区有馬町）には古くから温泉が湧き、江戸期には日本三名泉のひとつに数えられていた。ここでは有馬温泉と、有馬の化け猫騒動（久留米藩士有馬氏の江戸屋敷で発生した化け猫騒動の話）とがかけてあるものと思われる。

26 西行法師の猫　西行が頼朝から銀製の猫を贈られたが、すぐに外で遊んでいる子どもへやってしまったという『吾妻鏡』に載る故事を踏まえている。

27　浮き木のつめとれ　滅多にないことを指す諺「浮き木の亀」（盲亀浮木）の亀と、猫の爪とをかけている。
28　饂飩屋の花鰹　滅多にないことを指す諺「優曇華の花」と、饂飩屋の花鰹とをかけている。

【解説】

曲亭馬琴作・歌川豊国画『猫奴牝忠義合奏《ねこのつまちゆうぎのつれびき》』による。『猫奴牝忠義合奏』三冊は文化二年（一八〇五）刊の黄表紙である。黄表紙とは、絵を主体として、そこに文を添えた面白おかしい読み物である。内容が多岐にわたる馬琴の黄表紙の中にあって、馬鹿馬鹿しくも奇想の光る一作。

本話においては御伽草子『浦島太郎』のごとく、命を救われた猫が救い主への報恩を申し出る。しかしそれが裏目に出て救い主は殺されてしまう。責任を感じた猫は主人の死体に乗り移り、見事、敵討ちを果たすのである。

当時、猫が死体をのっとるという俗信は広く通用していた。今日でも家に遺体を安置している間は猫を近づけないといった風習を残す土地は少なくない。ただし、猫に憑依《ひょうい》された死体がどうなるかといえば、実際の民俗社会においてはせいぜい

「起き上がる」、あるいはその後にどこかへ「走り去る」程度の語りしか為されず、基本的にそこから先への想像力はあまり働かない。

猫に憑依された武士が自らの敵討ち（猫にとっては主人の敵討ち）に出かけるという設定は、当然ながら馬琴の創意によるものであった。当時広く知られていた俗信を活《い》かしつつも、現実の社会生活においては誰も思いつかなかった秀逸な展開であると言えよう。荒唐無《む》稽《けい》な設定の物語が許される、黄表紙という媒体を活かした作品である。

猫が人間の死体に乗り移るという民俗知識の背景には、本来的には〝呪術師が使役する憑き物〟としての猫のイメージがあったものと考えられる。中国では「猫鬼」を操る呪術師、日本では猫その他の動物霊を使役すると考えられていた口寄せ巫女《みこ》（『竜宮船』など）が、憑き物としての猫イメージの一般化に関わっていたのであろう。余談だが現代のタイには今もピー・ジャクラ（ピー・ルアン）という猫の妖怪に関する話が伝わり、呪術師や霊媒師がこれを飼い馴らしているとも考えられているという（高田胤臣『亜細亜熱帯怪談』）。

いずれにせよ猫による人への憑依は、日中においては古くは呪術師ありきのもので、それが、猫が単体で人に憑依する話へと展開していったという可能性が考えられるのである。そして日本では、生きている人間が猫の霊に憑依されると病気になったり猫のような行動をとったりすると信じられており、その一方で死んだ人間に猫の霊が憑依すれば死体が動き出すと信じられていたのである。

銃で撃たれた戸隠の神
——『甲子夜話』より——

信州戸隠《しんしゅうとがくし》の神[1]は大変に霊威[2]があり、参詣者が供え物をすることがあれば、神が直《じか》に出てきてこれを食うのだという。ただし昔からこれを見ることは禁じられていて、その姿を見た者はいなかった。しかしながら供物を食う音だけはとくに大きく聞こえるので、よく人の耳に届くのであった。

このような状況が長く続いた後のこと。戸隠の社人の一人に、剛強な性格の者があった。この男は次のように言った。「もしそれが神であるならば、はたして供物を直接に喰らうものであろうか。供物の苾芬《ひっぷん》[3]のみを嗜《たしな》んで食うものではなかろうか。それにも拘わらず、この神は人の目を避けつつ、実際にあらわれては供物を喰らっている。私が思うに、これは神ではないのだろう」

ある日の夜、この男はひそかに鳥銃を携えると、供物を備えた場所に行ってその様子を隠れ見ていた。すると、はたして神が出てきて供物を喰らいはじめた。男がすぐに銃を構えてこれを撃つと確かに命中したとみえて、神は姿を隠した。男が神を追うと、巌穴《がんけつ》[4]があるのを見つけた。中に入って一町（約一〇九メートル）ばかり進むと、空が開けた場所に出た。

よく見れば二つの山の間に出たのであった。向こうの方を見ると、前方の山にまた穴が開いている。そして、その穴に至るまで血痕が続いていた。男は、やはりこれは妖物に違いないと思った。穴の入り口からその奥の様子を窺えば、真鍮《しんちゅう》のような光を放つものが並んでいるのが見えた。

これこそが妖物だろうと考えて再び銃を放ったところ、またも命中して、その物が斃《たお》れるのが分かった。そこで、その場所に進んで確かめてみたところ、年を経た巨大な猫が、銃で撃たれて死んでいるのであった。さきほど真鍮の光と感じられたものは猫の両眼だったのである。人々は社人の果敢な行動に感服し、その勇気を褒めたたえたという。

1　信州戸隠の神　現在の長野県長野市に位置する戸隠神社の神。
2　霊威　原文「威霊」。神仏の霊妙な力。
3　苾芬　よい香りのこと。神仏や死者の霊は供物そのものではなく、供物から立ち上る湯気や香気を食べると考えられていた。なお、この部分の表現は、周代に作られた中国最古の詩篇『詩経』小雅「楚茨」の「苾芬孝祀、神嗜飲食」を踏まえているのであろう。

4　巌穴　戸隠山には「戸隠三十三窟」と呼ばれる洞窟があり、そのうち「龍窟」と呼ばれる洞窟には、境内に祀られた地主神「九頭竜権現」が棲んでいるとされた。

【解説】

松浦《まつら》静山《せいざん》『甲子夜話《かっしやわ》三篇』巻二二の一より。肥前国平戸《ひらど》藩主だった松浦清は隠居後に静山を名乗り、教訓話や怪異譚、政治や災害などの時事問題など、多岐にわたる内容を大部の随筆『甲子夜話』百巻、『甲子夜話続篇』百巻、『甲子夜話三篇』七八巻として書き留めた。その一部は明治期に国書刊行会で翻刻されたほか、『日本随筆大成』その他にも収録されたが、全二七八巻全ての内容を収めているのは平凡社東洋文庫版（全二〇冊）である。

本書では、松浦静山『甲子夜話』、『甲子夜話続篇』、『甲子夜話三篇』の総称として『甲子夜話』を用いることとする。さて、本話は松浦静山が宮原羽林のもとを訪ねた折に聞いたものだという。ここで訳出した話を紹介した後で静山は、戸隠に関する『和漢三才図会』の記事を引き、戸隠の岩窟には九頭竜が棲むものなのか、それとも巨大な猫が棲むものなのか、という疑問を呈している。

なお九頭竜権現の姿については平田篤胤『仙境異聞』にも記事があり、そこでは天狗にさらわれたという少年、寅吉が岩窟で実際に目撃したものとして、多くの頭を持つ巨大な青大将のようなものであったと記されている。

『甲子夜話』の九頭竜の話には説話分析の点から見て興味深い点が幾つもあるが、とくに注目すべきは供物と猫との関わりである。平安初期の『日本霊異記』では、広国の父の生まれ変わりである猫が、魂祭りで死者供養のために捧げられた供物を食べ、空腹を満たしていた。これは、動物が供物を食べるという事実が、一定条件下にあっては一種の死者供養としても認識されていたことを示している。もちろんその背景には、日本人の死後観に、地獄極楽だけでなく輪廻転生が含まれていたことがある。

死者に対して供えられた供物を動物が食べるというのは、現代においては共同墓地における鳥の害などでマイナスに見られがちだが、広く前近代においては必ずしもそうではなかった。神仏への供物を動物が食べた際、それを、神の使者を経由しての神仏との感応というプラスの意味で解釈することも少なくなかったようなのである。たとえば神仏への供物を烏が残さず食べるという記録などがそれにあたる(『甲子夜話』二三の一一)。

ところが本話においては、戸隠明神の社人たちが、長い期間にわたって戸隠の神が直接食べているものとばかり思っていた供物が、実は大猫の化け物によって貪《むさぼ》られていたという衝撃の事実が判明するのである。

疑念を抱いた一人の社人が、相手の正体を見極める前に発砲しているという点も含めて、怪異や霊験といった不確かな領域に対する強い疑いの眼差《まなざ》しを宿した、きわめて江戸後期的な特徴を持つ世間話（噂話）だと言えるだろう。このあとで紹介する『津軽俗説選』収録の話も猫と供物とをめぐる話だが、やはり、こうした新たな説話の系統に位置したものである。

なお『甲子夜話』には本話のほかにも猫をめぐる怪異譚や、猫そのものについての興味深い記述が複数ある。狐狸その他の動物怪談や幽霊譚も多い。

猫突き不動 ——『津軽俗説選』より——

金剛山最勝院[1]に「猫突き不動」[2]がある。俗説によれば、ある時、猫がこの不動明王像に供えられた供物をかすめ盗ろうとしてやってきたところ、不動明王が手に持った剣でこれを突き殺したという。

しかし、これはまことの猫ではあるまい。貪瞋痴《とんじんち》[3]の三毛の猫[4]が貪欲邪見[5]の口を開いて瞋恚《しんに》我慢[6]の爪を研ぎ、愚痴蒙昧《ぐちもうまい》[7]の眼を光らせて生利[8]の供物を貪ろうとして参ったところを、忍辱慈悲[9]の不動尊が降魔の利剣[10]でもって突き殺したものであろう。

たとえ精進物[11]を狙う猫であったとしても、滅多に生類を殺す仏があるものではない。

つまり、これもまた売僧《まいす》[12]が作った偽りの説に違いないのである。

不動尊　グット制吒迦《せいたか》[13]いざしらず　これから猫をタッタ一突き

（不動尊が　グッと制吒迦（急《せ》いたか）知らないが　これから猫をタッタ一突き）

1 金剛山最勝院　金剛山光明寺最勝院。現在の青森県弘前市銅屋町に位置する。猫突不動のほか、名刀「火の丸」にまつわる伝承がある。
2 猫突き不動　猫突不動明王。高賀山大善院から金剛山最勝院に移されたという不動明王像。
3 貪瞋痴　仏教用語。人が根源的に持っている三つの煩悩。「貪」は貪欲すなわち貪ること、「瞋」は瞋恚すなわち怒ること、「痴」は愚痴すなわち迷うことを指し、あわせて「三毒」ともいう。
4 三毛の猫　三色の毛を持つ猫。ここでは貪瞋痴の「三毒」と「三毛猫」とがかけてある。
5 貪欲邪見　仏教用語。身・口・意の三業から発生する「十悪」（殺生・偸盗・邪淫・妄語・綺語・悪口・両舌・貪欲・瞋恚・邪見）のうち、貪欲・邪見を抜き出したもの。
6 瞋恚我慢　仏教用語。瞋恚は怒りを、我慢は思い上がりを指す。
7 愚痴蒙昧　仏教用語。自らを知恵あるものとして勘違いすること。
8 生利　なまり。生利節（なまりぶし）。カツオを加熱調理した食品。『本朝食鑑』（一六九七）は「奈万利」（なまり）の製法を載せる。
9 忍辱慈悲　仏教用語。慈悲忍辱とも。慈悲の心をもって逆境に耐え抜くこと。
10 降魔の利剣　不動明王が手に持っている、悪魔を降伏させるために鋭く研がれた剣。
11 精進物　仏教の戒律に基づき、魚や肉を用いずに調理された食品のこと。
12 売僧　仏法よりも金品を重んじる堕落した僧を罵る言葉。
13 制吒迦　原文「制多加」。不動明王の眷属（従者）である制吒迦童子（せいたかどうじ）のこと。不動明王像の左右には、制吒迦童子と矜羯羅（こんがら）童子という、一対の脇侍（きょうじ）が置かれることが多い。ここでは、「制吒迦」と「急いたか」（急いだか、の意）がかけてある。

【解説】

『津軽俗説選』前編「佛之部」の「猫突不動」による。工藤白竜《くどうはくりゅう》（練屋藤兵衛）『津軽俗説選』は前編・後編・拾遺、後拾遺、後々拾遺の五冊から成り、拾遺までは天明六年（一七八六）に選集され、後拾遺は寛政七年（一七九五）、後々拾遺は寛政九年に書き上げられた。著者は弘前本町の裕福な油商に生まれた好学の人であり、本書には津軽地方の伝説や世間話を中心に、霊験・怪異、奇事・異聞、俗信・俗説などの様々な話題が収めてある。

『甲子夜話』所載の例と同様、本話もまた、猫と供物をめぐる噂話のひとつである。ただし著者は、この話が僧侶による作り話であると解釈している。それも無理ない見解であって、江戸期には、本来は「仏」そのものと一体であるはずの仏像が動き出し、不埒《ふらち》な言動をはたらく世間話が数多く存在していたのである。その背景には、仏像が大量生産されるようになったことと表裏一体の現象として、個々の仏像が特定の地域や寺院で生じたそれぞれのイメージを帯び、ローカル化していったという当時の世相があった。

遊女を騙した美少年 ――『新御伽婢子』より――

肥前国長崎《ながさき》（現在の長崎県長崎市）は唐船[1]が着岸する港であって、綾羅錦繡《りょうらきんしゅう》[2]の織物、糸類、薬種そのほかの様々な珍しい品々が日本に届けられることは年々留まることを知らない様子である。それゆえに、京都や大坂の堺《さかい》の商人がここに集まって商売をなすことの賑やかさは難波《なにわ》をも越え、京都にもひけをとらないほどだ。

その長崎にある丸山《まるやま》[3]という場所は、古くは江口《えぐち》、神崎《かんざき》[4]といったところと同じような遊女町であった。ある夕暮れのこと、年の頃は十六、七歳ばかりの若者――衣服には気品があって腰刀には金銀がちりばめられており、菰《こも》編み笠[5]を深々と引きかぶった顔つきはたとえようもなく美しかった――が、召使も連れずにたった一人で見物するように歩いている。

同じ道を行く人はみな若者に目を奪われて、かように優美な面立ちがこの世にあるものだろうかと不思議の思いを為して誉めそやした。

ちょうどその時、左馬《さま》の介[6]とかいう遊女がこの若者に想いを寄せて一筆[7]したためると、禿女《かぶろ》[8]に持たせて届けさせた。若者も、さすがにこの辺りを歩き見るほどの心映えの持ち主であるから、稲船《いなふね》の否にはあらず[9]、家に入ってともに語らった[10]。蜀錦《しょくきん》[11]の褥《しとね》[12]の上にえもいわれぬ香を燻《くゆ》らせた中、桜と海棠[13]の二本の木が咲かせる花の色を並べた様は、まこと世に比類なきものであった。

そのうちに店の主人から、種々のもてなしがあった。ただし若者は精進の羹《あつもの》[14]には目もくれず、新鮮な魚や鳥を使った料理を異常なほどに好んでいる様子であった。人々は「美少年にしては奇妙な振る舞いをするものだ」と、物陰から呟《つぶや》いた。

そうこうするうちに夜が明けた。さて帰ろうかという時、若者は当座の代金として五両の大金を置いていった。主人は喜んで若者を店の外まで送り、左馬の介もまた会う日を約束して、「あかで別るる横雲の空[15]」などと名残を惜しんだが、若者はどこかへ消えていった。

その後、若者がこの店に通うこと実に二十回ばかり。書をよくし歌にもすぐれた様を見るに、何か由《よし》ありげな人柄[16]であったため、たびたびその住まいの在り処《か》を訊《たず》ねたものの、「忍んで通う身であるから、ありのままに伝えるわけにもいかない」などと言って、顔を赤らめるばかりなのであった。

そこで、「あまりしつこく訊《き》くのもうるさく思われるだろう。きっと、やんごとなき身分の方のご子息[17]であるに違いない。あるいはご城主などの小小姓[18]を務める人などではなかろうか」などと噂し合うのであった。

ある時、使いの者を遣って密かに後をつけさせ、その住まいを探らせたところ、長崎の街中にある一軒の家の中に入っていった。そこでその家の亭主に会うと「この家にこのような様子のご子息がいらっしゃいませんか。あるいは上方[19]からのお客人がいらっしゃるのではないでしょうか」と尋ねた。

亭主は思いもよらぬ問いかけに「どうしてそのようなことをお尋ねになるのですか」と言った。使いの者は「かくかくしかじかの事があったものでして」と答えた。

この時、亭主は黙然《もくねん》[20]として深く頷《うなず》くと口を開いた。「思い当たる事があります。この家には年を経た猫がおります。この辺りの人はこれがよく化けると言いますが、私自身はその様を見たことがございません。紛れもなく、その猫の仕業であるに違いありません」

亭主はこう言うと、声を和らげて猫を呼んだ。しかし、素早くその音に感づくと猫は逃げ去り、どこに行ったものか一向に分からなかった。辺りを狩りたてて探ってみたところ、三町（約三三〇メートル）ばかり隔てた人家の板敷の下に隠れていた。凄《すさ》まじい有様で猛《たけ》り狂うところを、大勢でかかって突き殺した。

このことは国中に知れ渡るところとなり、左馬の介は「猫のわけ」[21]（猫の食い残し）というあだ名を付けられて面目を失ったということである。

1　唐船　中国からの貿易船。鎖国下の日本にあって、長崎は外国との交易を行う貴重な貿易港を有する国際都市であった。
2　綾羅錦繍　高級な素材の布地にふんだんな刺繍を施したもの。
3　丸山　長崎にあった花街（遊女や芸者を抱えた歓楽街）で、大いに栄えていた。丸山遊女だけは外国人の居住区に出入りすることが許可されてもいた。
4　江口、神崎　江口は現在の大阪府東淀川区、神崎は現在の兵庫県尼崎市に位置。どちらも淀川近くにあり、花街として知られていた。
5　菰編み笠　水辺に生える真菰を使って編んだ笠。
6　左馬の介　遊女は男性名を名乗ることが普通だった。
7　一筆　ここでは恋文を指す。
8　禿女　かぶろ（かむろ）。高級遊女に仕えて身の回りの世話をする少女。
9　稲船の否にはあらず　嫌だと断るわけもなく、程度の意。『古今和歌集』巻二十「最上川　のぼればくだる　稲船の　否にはあらず　この月ばかり」を踏まえた表現。
10　ともに語らった　原文「あひかたらふ」。情を交わした、の意。
11　蜀錦　蜀江の錦。蜀江の水にさらして糸を染めた錦で織ったという美麗な紋様の錦。
12　褥　寝るときに敷く敷物のこと。
13　桜と海棠　左馬の介と若者の美しさを花に例えている。
14　精進の羹　植物性の食材だけを使って加熱調理したもの。精進の羹に手をつけないのは、植物性の食材に興味がないこと、また、猫舌であることを示す。
15 あかで別るる横雲の空 『新古今和歌集』巻一「春の夜の　夢の浮橋とだえして　峰に別るる横雲の空」を踏まえた表現。
16 何か由ありげな　原文「何はによしありげなる」。歌語「難波の葦」にかけてある。
17 やんごとなき身分の方のご子息　原文「やごとなきかたの御子」。やごとない、やんごとないは高貴な身分を指す。
18 小小姓　身分の高い者に仕えて身の回りの世話をする少年。
19 上方　京都・大坂方面。
20 黙然として　静かにじっと黙って。
21 猫のわけ　猫の食い残し。「わけ」には「食い残し」と「女郎」(遊女)の二つの意味がある。

【解説】

本話は天和《てんな》三年(一六八三)刊、『新御伽婢子』巻一「遊女猫分食《ゆうじょねこわけ》」による。『新御伽婢子』全六巻の編著者は未達《みたつ》こと西村市郎右衛門《いちむらいちろうえもん》だという。僧、浅井了意《あさいりょうい》による怪談集『伽婢子』が人気を得たため、その時流に乗って出版されたものである。『新御伽婢子』古典文庫、一九八三年収録。

ここで訳出した箇所の後には、「やしなひかふ物には、牛・馬」から始まる『徒然草』第百二十一段の一部が引かれ、牛、馬、犬などの実用的な家畜以外を飼うことの無用さが記される。それに続け、ある人の評だとした上で、猫は鼠退治に必要なように見えて実際には贅沢《ぜいたく》なものであり、そのように恐ろしいものを飼うよりは、つつましく生きている鼠を大目にみてやるほうが慈悲ある行いではなかろうか、として文を締めくくっている。

後出の『化物一代記』の解説でも述べるが、江戸期の「猫」は遊女を指す隠語ともなり、両者は次第にイメージ上の深い関わりを宿すようになっていった。ところが江戸初期に刊行された『新御伽婢子』収録の本話では、美少年に姿を変えた猫が遊女を化かし、その面目を潰すのである。江戸後期にかけて、ある程度パターン化していく遊女と猫とのイメージの共通性を覆すかのような興味深い話だと言えるだろう。

類話としては、本書でも紹介する須藤由蔵『藤岡屋日記』のうち、天保十年（一八三九）五月に書き留められた世間話をあげることができる。こちらの舞台は内藤《ないとう》新宿《しんじゅく》の辰巳屋で、ある男が芸者をあげて騒いだ宴会の後、大きな猫に姿を変えて料理の残りを貪り食っていたところを遊女に目撃される。大勢で打ち殺そうとしたが、大猫は連子《れんじ》（格子状の窓）を破って逃げ去る。遊女の名は「おたけ」で、話の後には「おたけへにこわひ事じやと猫もいゝ」（おたげぇに（お互いに）恐いことじゃと猫も言い）という藤岡屋お得意の狂句が付けられている。

遊女に化けた猫　――『化物一代記』より――

（あらすじ）――化け物の親玉である見越し入道に息子が生まれたが、あろうことかそれは人間であった。この子は山に捨てられたのち、育ての親からも山師の猫又[1]に売り飛ばされる。そして見世物小屋で見世物にされていたものの、見越し入道はこれを哀れんで買い戻すと出家させた。ところが僧侶となり「三つ道[2]」と名を改めた息子は、吉原《よしわら》の遊郭に通いつめる遊び人になってしまった。そして「井出野[3]」という遊女に入れ込んで馴染みになるのである――

三つ道（見越し入道の息子）は宵[4]から遊んでいて、九つ（夜十二時頃）過ぎに床に入った。そして、いつものように色々な話などをしている内、やがてとろとろと寝入ってしまった。すると井出野はそっと体を起こし、三つ道の鼻に手を当てて寝息の様子を探ると屏風《びょうぶ》[5]の外へと出た。

三つ道が寝入ったふりをしながらこっそり覗《のぞ》いてみると、今まで美しかった井出野の顔や体が、なんとも凄まじい古猫の姿となって現れ、そばにあった海老を殻ごとにガリガリとやっている。これを見て大いに驚いた三つ道は、「やれ恐ろしい。なんだか、どこかで聞いたことのあるような話だ。このまま知らないふりを続けつつ、聞き出してやろう」とつぶやいた。

1 山師　ここでは詐欺師や、怪しげな金儲けに手を出す者のこと。山師が山猫および猫又にかけてある。
2 三つ道　見越し入道の息子という設定のキャラクター。人間として生まれたが、のちに三つ目入道になることを暗示した名前になっている。妖怪を題材とした黄表紙には男の轆轤首として描かれる「見越し入道」がたびたび登場するが、その目を三つ目で描くことも多い。本作後半では、見越し入道の息子が変装した「三つ道」の正体が三つ目入道だったことが明らかになる。
3 井出野　山吹猫なる猫又の一族という設定のキャラクター。遊女の姿に化けている。
4 宵　夜のこと。
5 屛風　隙間風を防いだり、人目を遮ったりするために室内に置いてある衝立。

【解説】

黄表紙『化物一代記』は、伊庭《いば》可笑《かしよう》作・鳥居《とりい》清長《きよなが》画『今昔化物親玉』(刊年不明)および、同一の作・画による続編『(化物)世櫃鉢木』(一七八一刊)を併せた改題合

『化物一代記』（国立国会図書館デジタルコレクション）

成本。それまでの草双紙にもあった、様々な化け物を登場させる「化物尽くし」的な趣向を持ちつつも、化物夫婦の子どもが大成するまでの物語を一代記としてまとめている。

ここで紹介したのは、見越し入道の息子「三つ道」が馴染みとなった遊女「井出野」もまた、猫又が姿を変じたものであると分かった場面。このすぐあと、二人はそれぞれ身の上話をして、互いに正体を明かすこととなる。井出野の親は「井出の山吹猫」という古猫であったが、人間に退治されてしまった。井出野は「二股の家」を相続するために人を化かす修行をしているのだといい、放蕩《ほうとう》に明け暮れて身を持ち崩した三つ道にも、見越し入道の家を再興するよう言い聞かせるのであった。

本作の末尾では、三つ道が立派な三つ目入道となって見越し入道の跡を継ぎ、化け物の親分へと出世する。その意味では、井出野と名乗る猫又は本作における重要な役回りだったと言うことができる。

この当時、江戸品川《しながわ》の伊勢屋で働く遊女に化け猫がいるという噂があり、また、伊勢屋で働く遊女の源氏名には「野」が付けられていたという（アダム・カバット『大江戸化物細見』）。井出野がかじる海老も伊勢屋にかけた洒落《しゃれ》だったわけだ。ちなみに「伊勢海老」の名称は中世後期の山科言継《やましなときつぐ》『言継卿記』（一五六六）をはじめ、江戸期の井原西鶴《いはらさいかく》『日本永代蔵』（一六八八）、同『世間胸算用』（一六九二）、人見必大《ひとみひつだい》『本朝食鑑』（一六九七）、貝原益軒《かいばらえきけん》『大和本草』（一七〇九）などで確認できる。

江戸期の文芸作品の一つの特徴は、このような様々な文化的要素、いわば「小ネタ」をふんだんに盛り込むことで、作り手と受け手の間に笑いをめぐる一種の共犯関係を築くところにあった。

さて、そもそも江戸期において、猫又や化け猫は遊女姿で描かれることが少なかった。三味線を抱えていることもある。それは、猫と遊女との間にイメージ上の共通点が数多く存在していたからである。たとえば遊女を指して隠語で「猫」ということや、実際に猫を飼っている遊女が多かったこと、三味線の胴に猫の皮を使うことと遊女が三味線を嗜《たしな》みとしていたことなどが両者のイメージを結び付けていたのである。

お座敷遊びでは「猫じゃ猫じゃ」という歌が流行したこともあり、化け猫が手ぬぐいを被っていることなども、手ぬぐいを使ったお座敷遊びに由来するものと考えられる。猫と遊女をめぐるこうした様々なイメージの接点から、本話のような「化猫遊女」キャラクターが成立し、戯作や芝居で人気を得ることとなったのである。

猫娘、男をなめる　――『絵本小夜時雨』より――

阿波国《あわのくに》（現在の徳島県）にある、とある名家の娘は優れた美貌《びぼう》の持ち主であった。しかし、いかなる因果によるものか、男を舐《な》めまわす癖があるとのもっぱらの噂であった。

ある若者がこの娘の見目を気に入って、仲立ち[1]を頼んで娘の家へと婿入りした。寝室[2]に入ると娘はさっそく婿を捕まえて、顔から足先までをことごとく舐めまわした。その舌はざらざらとして猫の舌のようであり、堪《こら》えることができず、婿はすぐさま逃げ帰ってしまった。

それより、この女には「猫娘」という異名が付けられたそうだ。

---

1 仲立ち　原文「媒人」（なかだち）。男女の間に立って、結婚のお膳立てをする人。
2 寝室　原文「閨房」（ねや）。

【解説】
速水春暁斎《はやみしゅんぎょうさい》『絵本小夜時雨』より。『絵本小夜時雨』全五巻は享和《きょうわ》元年（一八〇二）刊の絵本読本で、『今昔物語集』などの説話集や『平家物語』などの軍記物に取材した物語のほか、本話のような奇談をも収める。速水春暁斎（一七六七―一八二三）は寛政から文政頃にかけて、浮世絵師として活動するほか、自らが文と絵の両方を担当して絵本や読本を多く作った上方の作者であった。

本話における「猫娘」は、化け猫めいた存在ではない。あくまで奇癖を持った人間の若い女性をめぐる奇談として記されている。黄表紙その他に見られる「なめ女」という妖怪的なものとも関わるものだと考えられており、人をなめる癖を持つ女性の噂が実際に出回っていた可能性もある。

本話以外の「猫娘」としては、明和《めいわ》六年（一七六九）に浅草《あさくさ》の見世物に出た、猫に似た姿を持つという「猫娘」がある。また嘉永《かえい》三年（一八五〇）には、猫そっくりの行動をとり、魚の頭や内臓を好んで食べる少女「まつ」が評判となり、見物に出かける人々まで生じたということが、『武江年表』や『安政雑記』に記されている。ただし、まつは猫娘とは呼ばれていなかったようだ。

本話のような「猫娘」や、見世物になっていた「猫娘」がいた一方で、江戸期には「化猫遊女」に代表されるような、若い女性と猫のイメージを重ね合わせたキャラクターも登場して、戯作や芝居で人気を得ていた。

近代以降には、戦前・戦後に化け猫映画が多く作られ、女性に化けた猫が人気を博すものの、これも猫娘とは呼ばれなかった。「猫娘」が復活（?）するのは戦後の紙芝居であり、そこには江戸期以来の見世物のイメージが流入していたものと思われる。

その後、紙芝居作家から貸本漫画家に転じた水木《みずき》しげるが、たびたび自作に「猫娘」を登場させることになる。そしてこれが、のちに水木による少年漫画『ゲゲゲの鬼太郎』の主要キャラクターとなり、令和に至ってなお「猫娘」の名を世に伝えているのである。

化け猫殺人事件 ──『藤岡屋日記』より──

谷中《やなか》天王寺[1]化猫一件

伊右衛門は、根岸《ねぎし》の笹の雪横丁（現在の荒川《あらかわ》区東日暮里《ひがしにっぽり》に位置）から三河島《みかわしま》へ行く出はずれの角の家に住んでおり、息子三人があって、相応な暮らしを送る百姓[2]であった。今年の正月末頃から、時折、伊右衛門のもとに一匹の猫がやってくるようになった。これは白斑の毛色で普通よりも小さい美しい猫だった。ただし、尾の先が二股になっていた。

伊右衛門の次男、元次郎はこの猫を可愛がっていた。そのため、猫のほうでも彼によく懐き、夜は元次郎の夜具[3]の上に上って寝ていた。すると、いつしか元次郎はぶらぶら病[4]になり、床についてしまった。それでも猫は夜具に上って寝ていた。

周りの者は、この病は猫の仕業に違いないと気付き、これをよそへ連れて行って捨てた。すると元次郎が元気になったので、ますます不審に思っていたところ、猫がすぐに帰ってきて元のように居ついてしまった。今度はもっと遠くへ捨てなければ、と皆で相談していると、元次郎がこれを聞きつけ、「それでは私が捨ててきます」と言った。

病気なのだから止《よ》すようにと言ったが、どうしても行くというので、伊右衛門は無理せず気を付けて行くようにと申し付けた。元次郎が猫を抱いて出かけて行ったので、母は心許《こころもと》なく思い、元次郎の後を付けて行った。すると、元次郎は一町半（約一六五メートル）ばかり行った所の庚申塚《こうしんづか》[5]で猫を放った。

猫が谷中の方へ飛び出していくと、元次郎もこれを追って駆け出していった。母は驚いて元次郎をつかまえようと追いかけたが、その早いことは矢を射るがごとく、なかなか追いつけるものではなかった。ついに見失ってしまうと急いで家へと帰り、このことを知らせた。皆は大騒ぎとなり、家を駆け出して元次郎の行方を尋ねたが、見つけられなかった。

どうすることもできず、易者の晴雲堂[6]にて占わせたところ、一日、二日くらいで出てくるだろう、もし出てこなければ死体で見つかるだろうとのことだった。これが三月二十七日のことであった。また、根岸新田法印に占わせてみると、同様のことを言った。伊右衛門がこれに驚いて騒いだので、村の若者四十三人が鉦太鼓《かねたいこ》を叩《たた》いて捜索に出た。長男は日光《にっこう》の古峰ヶ原[7]へお伺いを立てに行き、若者たちは商売を休んで七日間探し回ったが、見つけることはできなかった。

元次郎の人相や失踪《しっそう》時の衣類を書き付けた貼り札を、ところどころに出しておいたところ、四月八日のこと、谷中天王寺東門の番所[8]の前に、犬が人の腕を咥《くわ》えてやってきた。門番はこれを追いかけたが、犬は腕を咥えたまま、竹藪《たけやぶ》の方へ逃げた。大勢でその後をつけていったところ、藪の中に人間の死骸があった。腹は喰い破られ、手足も食いちぎられ、顔面も食い散らかされて、一体、誰なのかも分からないありさまだった。

しかし、脇にある衣類の模様などが書き付けに似ているようだったので、伊右衛門の家へと知らせをやった。伊右衛門が走ってこれを見に来たが、顔面では誰なのかが分からない。元次郎の母を呼び出したところ、「顔では判別つきかねますが、三嶋《みしま》明神の祭礼[9]の時に着せた揃いの反物を下着にしているから倅《せがれ》に相違ありませぬ。しかしながらこのような姿になってしまった以上、なにとぞ内々に遺体を引き取って弔わせて下さいまし」とのこと。

前年に天王寺の住職が山王観理院[10]へ転住[11]していたため、この時の天王寺は無住[12]であり、あとのことは留守居[13]に預け置いていた。そこで観理院には届け出をせずに、双方で申し合わせて伊右衛門に遺体を引き取らせることになった。早々に葬儀の支度をし、伊右衛門の菩提寺である三嶋神社別当、真言宗圓明山西蔵院[14]に知らせを遣わした。

すでに西蔵院のほうでも、地元で起きたこの騒動を知っていた。しかし西蔵院の住職は、「たとえ変死であったとしても、行き倒れなど遺骸に傷が無ければ内々にて葬ることもできましょう。ただしこのような姿になっていては、後日、お咎《とが》めの恐れがあるやもしれず、このまま葬るわけにはいきませぬ」と言うのであった。

また、名主[15]の糸川伊八もこのことを漏れ聞き、検使[16]の願いをすべきだと言うので、仕方なく元の竹藪へと遺骸を戻すと、事の次第を東叡山《とうえいざん》御代官[17]の田村権左衛門[18]へ訴え出た。四月十日には検使による取り調べも済み、天王寺からも月番寺社奉行[19]の松平右《う》京亮《きょうのすけ》[20]へと届け出をし、同日昼頃には大検使が到着。夜明けまでかかって調査を終えると、十二日には西蔵院にて葬送が営まれ、これで滞りなく全てが済んだのであった。

さて、元治郎の兄はといえば、八日に古峰ヶ原へ到着したところ、その日の内に天王寺門番所から知らせが来たのだという。これも不思議のひとつというべきであろう。

---

1 谷中天王寺　天王寺は現在の東京都台東区谷中に位置する寺院。
2 百姓　農民。本来、中国では姓を持つ卿士大夫層の人を「百姓」と称していたが次第に万民を指す語となり、日本でも長く万民を指して使われていたが、江戸期以降には主に農民を指すようになった。

3 夜具　布団など、夜寝るための道具。
4 ぶらぶら病　どこが悪いのかはっきりしないまま心身の不調が長引く状態。
5 庚申塚　本来の庚申塚（庚申塔）は、庚申信仰に基づいて作られたもので、日本各地にある。中でも根岸の庚申塚は有名であったことから、そのまま一種の地名として通用していた。
6 易者　占い師。
7 古峰ヶ原　原文「こぶが原」。現在の栃木県鹿沼市草久古峯ヶ原（こぶがはら）に位置する古峯神社（ふるみねじんじゃ）を指すか。古峯神社は多くの信者を抱え、また天狗信仰が盛んであった。伊右衛門の家では元次郎が「神隠し」にあったものと考えて、天狗信仰の盛んな古峯神社に失せ人を戻す祈願をしようとしたのかもしれない。
8 番所　江戸期には要所要所に番人を配した番所が置かれていた。ここでは谷中天王寺東門に配置された番所のこと。
9 三嶋明神の祭礼　原文「三嶋祭礼」。三嶋明神社は浅草三島西蔵院前に位置（現在の東京都台東区寿）する神社で、祭礼は旧暦五月十五日、九月十五日であった。
10 山王観理院　山王権現（日枝神社）の別当寺である天台宗の観理院のこと。
11 転住　一般的に転住といえば住居を移すことであるが、ここでは住職が寺院を移ること。
12 無住　住職が在籍していない状態の寺院。住職が在籍する状態を現住といい、江戸期には現住と無住を繰り返す寺院も少なくなかった。
13 留守居　一般的に留守居（留守居役）といえば、江戸において諸藩との折衝を行うために、江戸幕府や各藩に置かれていた役職を指すことが多い。ただしここでは、無住となった寺院を預かるために派遣される、僧侶の役職としての「留守居」を指している。
14 西蔵院　圓明山宝福寺。三嶋明神（現在の寿三島神社、元三島神社）の別当寺。
15 名主　江戸期の町役人、村役人。
16 検使　寺社奉行が派遣する検使のこと。江戸で変死人（変死体）が発見された場合、町方では町奉行所の同心、武家地では目付（目付、徒目付）、寺社地では寺社奉行が派遣する検使（大検使、小検使）が現場検証や取り調べを行い、書類をまとめて報告する決まりになっていた。

17 東叡山御代官　東叡山寛永寺寺領の代官。

18 田村権左衛門　東叡山寛永寺寺領の代官であり、山内の取り締まりを行っていた。

19 月番寺社奉行　寺社奉行は寺院、神社およびその領民を管理監督する重要な役職で、自らの江戸屋敷を役所とし、月番で執務にあたった。勘定奉行、町奉行と併せて三奉行と呼ばれる。

20 松平右京亮　上野高崎藩主、松平右京亮輝聴《てるとし》（大河内輝聴）。安政三年（一八五六）に寺社奉行に任ぜられたのち、万延元年（一八六〇）没。

【解説】

『藤岡屋日記』安政四年（一八五七）四月八日の記事による。須藤由蔵『藤岡屋日記』全一五〇巻（一五二冊）は、文化元年（一八〇四）から明治元年（一八六八）に至るまでの風聞その他を記録した日記。須藤（藤岡屋）由蔵は上野国（現在の群馬県）藤岡の出身で、神田の御成道《おなりみち》（現在の東京都千代田《ちよだ》区秋葉原《あきはばら》周辺）で路上古書店を開き、また同時に様々な風聞を書き留めては各藩の武士などにその情報を売り、生計を立てていた。

本話は、被害者失踪の過程や発見された変死体の描写、その届け出や検死の過程などに妙なリアルさを宿した噂話の記録である。それもそのはず、ここで紹介した文の後には、同じ事件の内容を簡潔にまとめた寺社奉行御検使の際の口書（供述書）の控えが置かれており、飼い猫を追って失踪した元次郎の変死それ自体は、当時、実際にあった事件であったものと考えられるのである。口書にも、元次郎の猫が白黒斑で尾が二股に割けていたと記されているのが興味深い。

ただし本話でも口書でも、元次郎の死の原因に関する決定的な証拠は示されず、猫の存在がほのめかされるばかりである。どこかに素朴さの残る前時代的な説話が、江戸後期にリアルタイムで語られる世間話としての〝物語の強度〟を獲得すべくディティールアップした例のひとつと言えるかもしれない。逆に言えば、原因不明の変死体が発見された際に、その原因として想起されるだけのリアリティを、この頃の化け猫はまだ持っていたのである。

膨大なボリュームを誇る『藤岡屋日記』には、猫にまつわる恐い話、不思議な話も多く含まれている。ここでは、とくに陰惨な話をとりあげたので、続いては悲しい中にも明るい希望の見える話を紹介して、本書の締めくくりとしたい。

招き猫の御利益 ——『藤岡屋日記』より——

（あらすじ）——浅草寺《せんそうじ》三社権現[1]の鳥居の側の店で、老女が今戸《いまど》焼[2]の猫を並べて売っている。これは丸〆猫とも招き猫ともいうものであり、様々な店で客を招き寄せるものとして人気を集めている。

そのはじまりはといえば、老女「琴《こと》」の飼い猫に由来するものであった。琴は数年前から白いぶち猫を飼っていたが、ある日この猫が、老夫婦が世話になっている人の飼う駒鳥をとってきてしまった。夫は怒って猫を捨てるよう妻に言いつけたが、妻は自分に懐いている猫を、なんとか捨てずに済ませられはしないかと、名残惜しく思うのだった——

琴は猫に向かって言いふくめた。「これからは、決して鳥をとってきてはいけないよ。そうしたら私たちが先様《さきさま》のところへ行って謝るから、今後はきっとおとなしくするんだよ」

すると猫も頭《こうべ》を垂れて恐縮した様子だったため、琴は先方を訪ねて詫《わ》び言をした。

「うちの爺《じじ》には捨てるよう言い付けられたのですが、猫にきちんと言い聞かせましたところ、反省しているようなのです」

先方でもこれを不憫《ふびん》に思い、「畜生のすることなのだから仕方がない。捨てるには及ばないよ」と答えた。琴は喜んで家へと帰ったが、肝心の猫はどこへいってしまったのか、姿が見えなくなってしまった。あちこちを尋ねて回ったが、行方知れずのままこれを気にしていたところ、ぶらぶら病《やまい》[3]になってしまった。


仲間の人形職人が病気見舞いに来てくれたので猫の話をすると、職人は「それじゃあ一丁、私らでその猫の代わりを拵えてやろうかね」と言ってくれた。二、三日後には今戸焼で作った白ぶちの猫を持ってきたから、琴は大いに喜んだ。


そして、今戸焼の猫の下に布団三枚を敷き、飼い猫の好物はニシン[4]だったから、毎日コノシロ[5]を供えてやった。すると七日目の夜、猫が枕元にやってきて琴に告げた。

「これまでいろいろとお世話になりました。私めは、ご恩返しもできない上に鳥まで捕まえてしまい、はなはだ申し訳なく存じまして古井戸へと飛び込み、死んでしまった次第です。これからはご恩に報いるべく、御身をお守り致します。薬の御用がございましたら、すぐに全快させて差し上げます」

こう夢に見たところに、ちょうど近所の者が脚気《かっけ》[6]を患っていると聞いた。そこで、猫を信心すれば治るに違いないと思って願掛けしたところ、さっそく全快したのであった。このことをきっかけに近所で評判が高まり、浅草近辺の芸人たちが集まって色々な頼み事をするようになった。猫の置物をめぐる評判が騒がしくなり、琴の手もまわらなくなってきたところ、しばらくして猫の置物をたくさん拵えるようになったので、差し支えなくなったとのことである。

1　浅草寺三社権現　浅草寺本堂の東に位置する。現在の浅草神社。
2　今戸焼　浅草の北東部にあたる今戸周辺の地域で焼かれていた素焼や楽焼の陶磁器。
3　ぶらぶら病　どこが悪いのかはっきりしないまま心身の不調が長引く状態。
4　ニシン　原文「鯡」。ニシン目ニシン科ニシン。
5　コノシロ　原文「このしろ」。ニシン目ニシン科コノシロ。鮨ネタでいうコハダ。老女は、このときニシンが手に入りにくかったため代わりにコノシロを供えたのだろう。
6　脚気　慢性的なビタミンB1欠乏によって発症する病気。心不全および末梢神経障害を引き起こす。江戸期の都市部では玄米ではなく白米を主食としており、副菜にもビタミンが少なかったため、栄養の偏りにより脚気が多く発生した。しかし当時は原因が分からなかったため「江戸患い」とも呼ばれて恐れられた。

【解説】

『藤岡屋日記』嘉永《かえい》五年（一八五二）春の記事による。須藤由蔵『藤岡屋日記』全一五〇巻（一五二冊）についてはすでに前項で記したので割愛する。

『藤岡屋日記』には、前項で紹介した話や、『新御伽婢子』の解説でも触れた、遊女を騙した猫の話（天保十年（一八三九）五月）の条のほか、猫の怪にまつわる記事が複数ある。試みにあげてみれば、猫屋敷の祟り（天保十一年夏）、祟りを為す古猫の祠（安政三年二月十八日）、雌猫が人面の猫を生んだがすぐに死に、見物人が出た（安政四年三月二十四日）等々。

ただしここでは、現代にも続く「招き猫」像の発端のひとつを書き留めた記事を選んで訳した。江戸および武蔵野における出来事を記した『武江年表《ぶこうねんぴょう》』嘉永五年（一八五二）二月の記事にも、同様の猫像をめぐる記事があるが、細部が異なる。『武江年表』では浅草花川戸《はなかわど》の老婆が貧困のために他所《よそ》の家に寄宿することになり、泣く泣く猫に別れを告げたところ、その晩の夢枕に猫が立ち、自分の似姿を作って祀れば福徳自在になるだろうと教えた。老婆がその通りにすると、富を得てもとの家に戻ることができた、というもの。浅草三社権現鳥居の側で今戸焼の猫を売っていたという点は『藤岡屋日記』と同じ。

世田谷の豪徳寺《ごうとくじ》や、今戸の鎮守社である今戸神社をはじめ、招き猫の発祥を名乗る地は各地にある。実際のところ、それらのどこが起源ということは定めがたいが、江戸期に猫の恩返しをめぐる説話と猫の縁起物が結びついて「招き猫」の物語が作られ、それが現代にも続くようになったことだけは確かである。

おわりに

本書では、古代から中世を経て江戸期に至るまでの、猫にまつわる不思議な話を集めて紹介してきました。最後に、各解説で説明しきれなかった部分も含めて、日本の猫怪談に関するおさらいをしたいと思います。

日本文化史、文学史を眺めてみてまず気付くのは、日本においてまとまったかたちでの文献資料が成立し始めた古代前期の書物には「猫」そのものに関する記事が見当たらないということです。日本の神々について記した『古事記』や『日本書紀』、あるいは各地の地勢や伝説を集めた『風土記』類、その後の和歌の礎となった『万葉集』などの古代文学には、猫が出てこないのです。

日本の文献上にはじめて猫の姿が登場するのは、古代後期（平安期）の初め頃に編まれた日本最初の仏教説話集『日本霊異記』だと考えられています。この頃になると中国から輸入された愛玩動物《あいがんどうぶつ》（ペット）としての「唐猫」が重宝されるようになり、『日本霊異記』以降も『源氏物語』や『更級日記』、『今昔物語集』などに、猫にまつわる話が記されるようになります。これらは後世におけるいわゆる「化け猫」のような話ではありませんが、猫の不思議な特徴について記しているため、本書でもそれぞれ紹介してきました。

　また歴史書である『本朝世紀』には、山中に棲《す》む「猫」なる奇獣の群れが人間の子どもを食らう、という恐ろしい記事が載せられています。その後もたびたび記録される、いわゆる山猫の記事です。古代後期には〝愛玩動物としての唐猫〟と〝野生動物としての山猫〟という、相反する二つのイメージが成立していたことが分かります。ただし、これらはあくまでイメージ上のものであり、生物としての実際の「ネコ」の生態とイコールというわけではありません。日本の島嶼《とうしょ》地域には対馬のツシマヤマネコ、西表島《いりおもてじま》のイリオモテヤマネコという二種類の「ヤマネコ」が棲息《せいそく》していますが、これらのヤマネコは本土には分布していません。

　こうした、本土には分布しないヤマネコに対して、広く本土に分布し、現代の我々にも馴染《なじ》み深いものを「イエネコ」といいます。従って、日本の古文献で本土に「山猫」が出たと記されていても、それは現代における二種類の「ヤマネコ」とは異なるもの、ということになります。

　また当然のことながら、日本に虎（トラ）や獅子《しし》（ライオン）は分布しませんが、話の上ではたびたび文献に顔を覗《のぞ》かせています。本書ではあくまで「猫」を主役にしたため、虎や獅子にはご登場願いませんでした。ただし、そもそも中国では猫と虎を近しいものとして考えており、こうした虎や獅子にまつわる知識だけは日本にも伝わっていました。

ところが江戸後期の嘉永四年（一八五一）には、両国広小路《りょうごくひろこうじ》に「虎」と称した獣の見世物が出たという記録があります。もっとも、本物の虎ではありません。実際には対馬の深山で生け捕った山猫だったともいい（『藤岡屋日記』）、ツシマヤマネコであった可能性があります。いずれにせよツシマヤマネコは対馬でも珍しく、まして本土には分布しないからこそ見世物に成り得たわけです。

日本の古文献における本土の「山猫」は、野生化したイエネコだったかもしれませんし、野犬その他の獣の見間違いだったかもしれません。実際、中世の『徒然草』のエピソードをはじめとして、たびたび猫又などの妖怪《ようかい》と犬のイメージは交錯しています。ただし同時代における噂話の記録の場合、そもそも目撃談や体験談ではなく、最初から作り話だった可能性も想定しておかなければなりません。

それでは、『古事記』が書かれた時代である古代前期、日本にイエネコはいなかったのでしょうか。ところが、そうではないのです。かつての通説では、イエネコは経典や仏像類をネズミの害から守るため、奈良期から平安期にかけて大陸から持ち込まれたと説明されてきました。しかし近年、長崎県壱岐市にある弥生時代の遺跡から、イエネコの骨が出土したのです。そして、文字文化が成立する以前の日本にも「イエネコ」がいたことが考古学的に証明されました。

つまり、古代以前から日本にイエネコはいたけれども、わざわざ文献に記されるほどの意味を以《もっ》て認識されていなかったようなのです。この、なぜ古代前期の文献には猫が不在なのか？　という問題は、生物学、考古学、歴史学、地理学、民俗学、文学研究が総出で取り組んでも容易には解決しないものと思われます。逆に言えば、それだけ新たな発見、発想の可能性に満ちた興味深いテーマでもあります。とくに、猫に関する東アジアの文物との比較研究が待たれるところです。

ちなみに『古事記』や『日本書紀』をはじめとした古代の書物には、犬や狼、猿や鹿、鳥・白鳥、蛇・蛙などの動物は出てきます。しかし、すでに述べたように、弥生時代から日本に分布していたはずの猫について記されることはありませんでした。

古代前期の文献に、ある特定の生物が見当たらないという現象は、猫に限ったものではありません。たとえば「蝶」も、意外なことに古代前期の文献にはほとんど出てこず、雅《みやび》やかなものを集めた印象のある『万葉集』にも一首も詠まれていません。その一方で、中国の漢詩の影響を強く受けた日本最初の漢詩集『懐風藻』（七五一年成）には、たびたび蝶が登場します。それは、中国の漢詩において「胡蝶」などが重要な意味を持っていたからだと考えられています。

当時の日本人は、漢詩においては蝶を表現できたのに、自分たちの生活感覚と関わるかたちでの和歌では「蝶」を表現する必要性を感じていなかったのです。猫もまた、古代前期の日本人にとっては表現する必要性のないものだったのでしょうが、『万葉集』その他、日本について記した文献にほとんど見受けられないというのは不思議です。

面白いことに、中国には蝶、猫、そして牡丹《ぼたん》の花を一緒に描いたものを吉祥画とする文化があります。こうした絵画は宋代（九六〇―一二七九）頃から確認できるようで、中国国内だけでなく朝鮮半島や日本にも伝わりました。禅語「牡丹花下睡猫児、心在蝶舞」（牡丹花下《ぼたんかか》の睡猫児《すいみょうじ》、心蝶舞《こころちょうぶ》に在《あ》り）とも関わるこの画題は、絵画や彫刻のモチーフとして好まれていたようです。たとえば日光東照宮《にっこうとうしょうぐう》の「眠り猫」の頭上にも牡丹の花が彫ってあります。

猫と蝶という画題は、日本では室町頃から見られるようです。本書で紹介した猫怪談の中にも猫が蝶を追いかける場面が出てきますので、どこにあったか、ぜひ探してみて下さい。こうした猫怪談をめぐる小さな一コマにも、東アジアに広がる豊かな文化的背景が関係しているのです。

仏典に由来し、禅寺の障壁画などに描かれる「唐獅子牡丹」――のちに江戸の火消しや侠客《きょうかく》たちが好んで背中に彫り込むようになります――も、「牡丹猫」の画題とどこかで関わっているのかもしれません。ちなみに唐獅子牡丹は、獅子を悩ます「獅子身中の虫」が牡丹の露に弱い、というところに由来しているといいます。

以上、日本におけるヤマネコおよびイエネコに関するおおまかな流れを整理してみました。その後、中世(鎌倉～戦国期)に至ると猫にまつわる記述が増え、猫の怪異譚《たん》もちらほらと見受けられるようになります。中世における猫の怪異譚には恐ろしいものが多いのも、興味深い点です。

さらに、後世にも続く「ねこまた」なるものが登場するのも、この頃です。たとえば藤原定家による漢文日記『明月記』には、猫又という「鬼」が病の原因だと解釈できる記事があります。また兼好法師の随筆『徒然草』からは、大きな猫の姿をした猫又が、人を食う存在として認識されていたことが窺《うかが》えます。

ただし、猫又の語源として、尻尾《しっぽ》が二股《ふたまた》に分かれているからという説が一般化するのは、この時代ではなく江戸期に入ってからのようです。「ねこまた」の語源という難しい問題に関しては、本書第二、第三章の各解説を参照してみて下さい。

さて、日本における猫の怪異譚を語る上で非常に重要だと考えられるのが江戸期です。他の妖怪をめぐる物語についても同様なのですが、それまでの写本（手写しの本）の文化に加えて、江戸期には出版文化が花開き、大量生産できる浮世絵や版本（印刷された本）が流通するようになりました。さらに、寺子屋などの教育機関の発達によって識字率が向上したこの時代においては、猫の妖怪（猫又、化け猫、怪猫など）に関する物語も爆発的に増加することになるのです。

また、戦乱の世が終わり、世情が安定した江戸期の都市部においては、猫をペットとして飼う人も増え、猫たちの住み心地も格段に良くなっていたものと思われます。その事実を示すように、猫好きの歌川国芳を筆頭として、浮世絵にも数多くの猫の姿が描かれるようになります。山東京山作・歌川国芳画の合巻『朧月猫草紙』などは、国芳描く猫の浮世絵の人気があって企画されたものであったようです。

江戸期におけるこうした文化的な展開は、単なる鼠対策としての家畜の意味を超えた、ペットとしての猫が広く一般化したことを示していると言えるでしょう。本書でご紹介してきた内容においても、かなりの部分を占めるのが江戸期の書物に載せられたものです。とくに江戸随筆には、本書で紹介しきれなかった猫怪談がまだまだわんさと控えています。

さて、江戸期には、中世に登場した「猫又」に加えて、いわゆる「化け猫」や「怪猫」をめぐる物語が多く記されました。そこには、最初からフィクションとして作られたものもあり、また、あくまでノンフィクションの情報として世間を賑《にぎ》わしていた噂話（世間話）を記録したものもあります。

基本的に噂話というものは詠み人知らず（作者不詳）の物語です。しかしメインストリームの「文学」史においては低く見られがちなこうした物語こそ、「作者」のいる文学史とは切っても切り離せない、面白い物語が淀《よど》みなく湧き出てくる話の泉なのです。江戸期の猫怪談を紐解《ひもと》いていて興味深いのは、こうしたフィクションとノンフィクション、つまり虚実の物語が互いに深く関わり、双方を栄養源として育っていた、という点です。

虚実の物語が結実した最たる例が、特定の藩のお家騒動（武家内部における勢力争い）を下敷きにした、いわゆる「化け猫騒動」にまつわるものです。これは実録と呼ばれるジャンルの写本で流布しました。

実録というのは実話に題材をとったという体裁の読み物です。江戸期には、当時の武家にまつわる事件を芝居化したり出版したりすることが禁じられていたので、同時代的な武家のお家騒動などは写本というかたちで流通していました（それがいいことかどうかは置いておくとして、いつの時代も禁止と流通とは別物なのです）。

噂話を発端に作られた実録や講談、落語などが人気を集めるようになると、人形浄瑠璃や歌舞伎などの狂言作者（芝居の台本書き）も黙ってはいません。しかし江戸期の藩や人名などをそのまま出すことはできないので、時代設定を中世以前にしたり人名や地名をもじったりするなどの工夫を凝らして芝居化するのが常でした。

当時、最も広く知られていたのが佐賀鍋島藩のお家騒動にまつわる化け猫騒動です。本書では、佐賀の化け猫騒動にまつわる様々な作品の中から、実録『肥前佐賀二尾実記』をとりあげて紹介しました。

しかし、化け猫騒動に関する芝居はひとり佐賀鍋島藩に限ったものではなく、たとえば三好松洛による人形浄瑠璃『今川本領猫魔館《いまがわほんりようねこまたやかた》』（一七四〇初演）は駿河今川家のお家騒動を扱ったものでした。『東海道四谷怪談』で有名な四世鶴屋南北《つるやなんぼく》による『独道中五十三駅《ひとりたびごじゆうさんつぎ》』（一八二七初演）、通称「岡崎の猫」は岡崎を舞台にしています。

そして江戸後期の嘉永六年（一八五三）には、実録の化け猫ものに題材をとった歌舞伎である瀬川如皐《せがわじよこう》『花野嵯峨猫魔稿《はなのさがねこまたぞうし》』の上演が予告されましたが、これは鍋島家の圧力によって上演見合わせとなります。タイトルの「嵯峨」（京都の地名）は「佐賀」のもじりでしたが、どうにも洒落《しやれ》が露骨過ぎたようです……。

なお、とくに有名な化け猫騒動としては佐賀鍋島のほか、先ほど触れた『独道中五十三駅』など岡崎を舞台にしたものがあり、さらに明治に入ると久留米藩の江戸下屋敷を舞台に、藩お抱えの力士と藩士たちが化け猫を退治するという河竹黙阿弥『有松《ありまつ》染相撲浴衣《ぞめすもうのゆかた》』(一八八〇初演)、通称「有馬の猫」が人気を博したりもします(このタイトルは「有馬・血染め・相撲・館」の洒落だったのでしょうか?)。ともあれ、幕末明治以降も鍋島をはじめとした猫騒動に題材をとる様々なジャンルの作品が作られることとなり、その傾向は芝居や講談、さらには昭和の怪猫映画としても続いていきます。

そして、その意味するところは同一でないものの、江戸から現代にかけて、たびたびあらわれては人気を博しているのが「猫娘」です。また、本書の冒頭でも触れたように、猫娘以外にも『ポケモン』のニャースや『妖怪ウォッチ』のジバニャン、さらには『夏目友人帳』のニャンコ先生などなど、現代の大衆文化の中でも猫の妖怪キャラクターたちは活躍しています。

江戸幕府の統治にとどめが刺された戊辰《ぼしん》戦争の際、東軍西軍の銃弾が乱れ飛ぶ中、とある京都の寺院を流れ弾が襲いました。寺の壁や柱を貫いたのは、一時代の終わりを告げる梵鐘《ぼんしょう》のごとき形をした大きな砲弾でした。その巨大な物音に周囲の猫はみな逃げ去ったと伝えられます。そして、新時代のおとずれにより化け猫たちもいなくなった――かと思いきや、どっこい彼ら彼女らは令和の世に至っても、ちゃっかり「娯楽作品」という居場所を確保しているのです。

さて、日本の古典にちらちらと見え隠れする猫の尻尾を追い続けてきた本書も、そろそろおしまいに近付いてきました。紙幅の都合上、ご紹介できなかったお話もたくさんあります。この程度のつまみ食いではまだまだ物足りないという方もいらっしゃるでしょう。そういう時にはぜひとも、本書の現代語訳の原典を並べた「原典収録書籍一覧」をもとに、原文の素晴らしさ、そして内容の不思議さに触れてみて下さい。

また、本書を作る上で直接間接に参考にした文献の一覧「猫に関する参考文献」も付しておきます。海外のふしぎな猫に関する文献や、近代以降の文学作品を紹介するアンソロジー、民俗事例を集めた書籍なども織り交ぜておきましたので、きっと、ついつい追いかけたくなる猫たちの後ろ姿を見つけられるはずです。これらを道案内に、気の向いた時にでも、自分好みの猫怪談を探す「お散歩」に出かけてみてはいかがでしょうか。

ただし、猫を追っている途中の路地で絶世の美男美女や、お母さんそっくりの人にでくわしても油断は禁物ですよ。……いやいや、これは本書をお読みになった方にはいらぬお節介でした。ポケットにはとびきりの鰹節《かつおぶし》を忍ばせて、どうぞごきげんよう。

○原典収録書籍一覧

『日本霊異記』：『日本霊異記』（新編日本古典文学全集）、小学館、一九九五年。
『源氏物語』：『源氏物語』第四巻（新編日本古典文学全集）、小学館、一九九六年。
『更級日記』：『和泉式部日記　紫式部日記　更級日記　讃岐典侍日記』（新編日本古典文学全集）、小学館、一九九四年。
『本朝世紀』：『国史大系』第九巻、吉川弘文館、一九六四年。
『今昔物語集』：『今昔物語集』第四巻（新編日本古典文学全集）、小学館、二〇〇二年。
『明月記』：『翻刻　明月記』第三巻（冷泉家時雨亭叢書　別巻四）、公益財団法人冷泉家時雨亭文庫、二〇一八年。
『古今著聞集』：『古今著聞集』（日本古典文学大系）、岩波書店、一九六六年。
『百錬抄』：『国史大系』第十一巻、吉川弘文館、一九六五年。
『徒然草』：『方丈記　徒然草　正法眼蔵随聞記　歎異抄』（新編日本古典文学全集）、小学館、一九九五年。
『耳袋』：根岸鎮衛著、長谷川強校注『耳囊』中巻、岩波書店（岩波文庫）、一九九一年。

『谷の響』：『日本庶民生活史料集成』十六巻（奇談・紀聞）、三一書房、一九七〇年。

『谷の響　付　合浦奇談』青森県立図書館、一九六九年。

『安斎随筆』：『増訂　故実叢書』第十八巻（上）、吉川弘文館、一九二九年。

『古今百物語評判』：『続百物語怪談集成』（叢書江戸文庫）国書刊行会、一九九三年。

『太平百物語』：『百物語怪談集成』（叢書江戸文庫）国書刊行会、一九八七年。『徳川文芸類聚』第四巻（怪談小説）、国書刊行会、一九二五年。

『古刀銘尽大全』：大館海城編、大館利一著『増訂　古刀銘尽大全』下（日本故有美術鑑定便覧第四集）、赤志忠雅堂、一九〇一年。

『元禄世間咄風聞集』：長谷川強校注『元禄世間咄風聞集』岩波書店（岩波文庫）、一九九四年。

『老媼茶話』：高田衛・原道生校訂『近世奇談集成』第一巻、国書刊行会、一九九二年。柳田国男・田山花袋校訂『近世奇談全集』（続帝国文庫第四十七編）、一九〇三年。

『咄随筆』：鈴木雅子『金沢のふしぎな話「咄随筆」の世界』新宿書房、二〇〇四年。日置謙校訂・解説『咄随筆』石川県図書館協会、一九三三年。

『楽郊紀聞』：中川延良著、鈴木棠三校注『楽郊紀聞　対馬夜話』第一巻、平凡社（東洋文庫）、一九七七年。

『北越雪譜』：鈴木牧之撰、京山人百樹刪定、岡田武松校訂『北越雪譜』岩波書店（岩波文庫）、一九五五年。

『奇談雑史』：宮負定雄著、佐藤正英・武田由紀子校訂・注『奇談雑史』筑摩書房、二〇一〇年。宮負定雄著、山折哲雄・佐藤正英・宮田登監修、久米晶文編校訂『宮負定雄幽冥界秘録集成』八幡書店、一九九四年。

『むかしばなし』：中山栄子校注『むかしばなし』平凡社（東洋文庫）、一九八四年。

『日本庶民生活史料集成』第八巻（見聞記）、一九六九年。『仙台叢書』第九巻、仙台叢書刊行会、一九二五年。

『肥前佐賀二尾実記』：早川由美注・現代語訳「肥前佐賀二尾実記」横山泰子ほか『猫の怪』白澤社、二〇一七年。『佐賀県近世史料』第九編第一巻、佐賀県立図書館、二〇〇四年。

『猫奴牝忠義合奏』：清田啓子「翻刻　曲亭馬琴の黄表紙（十三）」『駒澤短期大学研究紀要』二九号、駒澤短期大学、二〇〇一年三月。

『甲子夜話』：中村幸彦・中野三敏校訂『甲子夜話三篇』第二巻、平凡社（東洋文庫）、一九八二年。

『津軽俗説選』：青森県立図書館編『津軽俗説選』青森県叢書刊行会、一九五一年。

『新御伽婢子』：『新御伽婢子』古典文庫、一九八三年。

『化物一代記』：アダム・カバット校注編『大江戸化物細見』小学館、二〇〇〇年。

『絵本小夜時雨』：近藤瑞木編『百鬼繚乱　江戸怪談・妖怪絵本集成』国書刊行会、二〇〇二年。

『藤岡屋日記』：鈴木棠三・小池章太郎編『近世庶民生活史料　藤岡屋日記』第五巻、三一書房、一九八九年。

○猫に関する参考文献

日本の猫、中国の猫

上原虎重『猫の歴史』創元社、一九五四年。

大木卓『猫の民俗学　増補』田畑書店、一九七九年。

澤田瑞穂「猫鬼神のこと」『修訂　中国の呪法』平河出版社、一九八四年。

平岩米吉『猫の歴史と奇話』動物文学会、一九八五年。

今付与志雄『猫談義　今と昔』東方書店、一九八六年。

花輪莞爾『猫学入門』小沢書店、一九九七年。

小島瓔禮『猫の王　猫はなぜ突然姿を消すのか』小学館、一九九九年。

豊嶋泰國「猫」『図説憑物呪法全書』原書房、二〇〇二年。

谷真介『猫の伝説　116話　家を出て行った猫は、なぜ、二度と帰ってこないのだろうか?』梟社、二〇一三年。

田中貴子『猫の古典文学誌　鈴の音が聞こえる』講談社（講談社学術文庫）、二〇一四年。

藤原重雄『史料としての猫絵』山川出版社、二〇一四年。

桐野作人編著『猫の日本史』洋泉社、二〇一七年。

横山泰子・早川由美・門脇大・今井秀和・飯倉義之・鷲羽大介・朴庾卿・広坂朋信『猫の怪』〈江戸怪談を読む〉シリーズ、白澤社、二〇一七年。

世界の猫、小説アンソロジーその他

フレッド・ゲティングズ著、松田幸雄・鶴田文訳『猫の不思議な物語』青土社、一九九三年。

東雅夫編『怪猫鬼談』人類文化社、一九九九年。

池上正太『猫の神話』（Truth In Fantasy 89）、新紀元社、二〇一三年。

黒木あるじ・我妻俊樹他著『猫怪談』竹書房、二〇一六年。

澤田瞳子編『大江戸猫三昧』徳間書店（徳間文庫）、二〇一七年。

日本民話の会・外国民話研究会編訳『世界の猫の民話』筑摩書房（ちくま文庫）、二〇一七年。

東雅夫編『猫のまぼろし、猫のまどわし』東京創元社（創元推理文庫）、二〇一八年。

雑誌特集

『國文學　解釈と教材の研究』第二七巻十二号（特集 猫の文学博物誌）、學燈社、一九八二年九月。

『幻想文学』第五二号（特集「猫の妖、猫の幻」）、アトリエＯＣＴＡ、一九九八年三月。

『幽』第五号（第一特集「猫の怪」）、メディアファクトリー、二〇〇六年八月二月。

『現代思想』二〇一六年三月臨時増刊号（総特集　猫！）、青土社、二〇一六年。

猫一般、動物一般

今泉吉典・今泉吉晴『ネコの世界』平凡社（平凡社カラー新書）、一九七五年。

實吉達郎『ネコの博物誌』東京図書、一九八八年。

日野巌『動物妖怪譚』上・下、中央公論新社（中公文庫）、二〇〇六年。

鈴木健一編『鳥獣虫魚の文学史 日本古典の自然観1』獣の巻、三弥井書店、二〇一一年。

伊藤慎吾編『妖怪・憑依・擬人化の文化史』笠間書院、二〇一六年。

石弘之「寄生虫が人を操る?――猫とトキソプラズマ原虫」『感染症の世界史』KADOKAWA、二〇一八年。

世《よ》にもふしぎな化《ば》け猫《ねこ》騒《そう》動《どう》

今《いま》井《い》秀《ひで》和《かず》＝訳・解説

令和２年 ７月25日　初版発行
令和６年 ４月30日　再版発行

発行者●山下直久

発行●株式会社KADOKAWA
〒102-8177　東京都千代田区富士見2-13-3
電話　0570-002-301（ナビダイヤル）

角川文庫 22263

印刷所●株式会社KADOKAWA
製本所●株式会社KADOKAWA

表紙画●和田三造

ISBN 978-4-04-400514-6　C0139

◆◆◆

角川文庫発刊に際して

角川源義

第二次世界大戦の敗北は、軍事力の敗北であった以上に、私たちの若い文化力の敗退であった。私たちの文化が戦争に対して如何に無力であり、単なるあだ花に過ぎなかったかを、私たちは身を以て体験し痛感した。西洋近代文化の摂取にとって、明治以後八十年の歳月は決して短かすぎたとは言えない。にもかかわらず、近代文化の伝統を確立し、自由な批判と柔軟な良識に富む文化層として自らを形成することに私たちは失敗して来た。そしてこれは、各層への文化の普及滲透を任務とする出版人の責任でもあった。

一九四五年以来、私たちは再び振出しに戻り、第一歩から踏み出すことを余儀なくされた。これは大きな不幸ではあるが、反面、これまでの混沌・未熟・歪曲の中にあった我が国の文化に秩序と確たる基礎を齎らすためには絶好の機会でもある。角川書店は、このような祖国の文化的危機にあたり、微力をも顧みず再建の礎石たるべき抱負と決意とをもって出発したが、ここに創立以来の念願を果すべく角川文庫を発刊する。これまで刊行されたあらゆる全集叢書文庫類の長所と短所とを検討し、古今東西の不朽の典籍を、良心的編集のもとに、廉価に、そして書架にふさわしい美本として、多くのひとびとに提供しようとする。しかし私たちは徒らに百科全書的な知識のジレッタントを作ることを目的とせず、あくまで祖国の文化に秩序と再建への道を示し、この文庫を角川書店の栄ある事業として、今後永久に継続発展せしめ、学芸と教養との殿堂として大成せんことを期したい。多くの読書子の愛情ある忠言と支持とによって、この希望と抱負とを完遂せしめられんことを願う。

一九四九年五月三日

角川ソフィア文庫ベストセラー

天狗にさらわれた少年 抄訳仙境異聞

平田篤胤
訳・解説／今井秀和

江戸時代の国学者・平田篤胤が出会った寅吉少年は、「天狗の国に行った」と語る。天狗界の生き物、文字、乗り物、まじない……驚くほど詳細な、異界の文化とは？　やさしい現代語訳で江戸の大騒動が蘇る！

神隠しと日本人

小松和彦

「神隠し」とは人を隠し、神を現し、人間世界の現実を隠し、異界を顕すヴェールである。異界研究の第一人者が「神隠し」をめぐる民話や伝承を探訪。迷信でも事実でもない、日本特有の死の文化を解き明かす。

呪いと日本人

小松和彦

日本人にとって「呪い」とは何だったのか。それは現代に生きる私たちの心性にいかに継承され、どのように投影されているのか――。呪いを生み出す人間の「心性」に迫る、もう一つの日本精神史。

異界と日本人

小松和彦

古来、日本人は未知のものに対する恐れを異界の物語に託してきた。酒呑童子伝説、浦嶋伝説、七夕伝説、義経の「虎の巻」など、さまざまな異界の物語を絵巻から読み解き、日本人の隠された精神生活に迫る。

鬼と日本人

小松和彦

民間伝承や宗教、芸術などの角度から鬼をながめると、多彩で魅力的な姿が見えてくる。「鬼」はどのように私たちの世界に住み続けているのか。説話・伝承・芸能・絵画などから、日本人の心性を読み解く。

角川ソフィア文庫ベストセラー

耳袋の怪

根岸鎮衛
志村有弘＝訳

今も昔も怖い話は噂になりやすい。妖怪も逃げ出した稲生武太夫の豪傑ぶり、二〇年経って厠から帰ってきた夫——。江戸時代の奇談ばかりを集めた『耳袋』から、妖怪、憑き物など六種の怪異譚を現代語訳で収録。

聊斎志異の怪

蒲松齢
志村有弘＝訳

芥川龍之介や森鷗外にも影響を与えた『聊斎志異』は、中国・清の蒲松齢が四〇〇篇以上の民間伝承をまとめた、世界最大の怪異譚アンソロジー。幽霊譚・動物奇談・妖怪譚などを選りすぐり、現代語訳で紹介。

江戸怪奇《あやかし》草紙

編訳／志村有弘

天女のように美しい幽霊が毎晩恋人のもとへ通う「牡丹灯籠」。夫に殺された醜い妻の凄絶な怨念を、祐天和尚が加持祈禱で払う「累」。江戸を代表する不可思議な五つの物語を編訳した、傑作怪談集。

新編 日本の怪談

ラフカディオ・ハーン
池田雅之＝訳

「幽霊滝の伝説」「ちんちん小袴」「耳無し芳一」ほか、馴染み深い日本の怪談四二編を叙情あふれる新訳で紹介。小学校高学年程度から楽しめ、朗読や読み聞かせにも最適。ハーンの再話文学を探求する決定版！

新編 日本の怪談 II

ラフカディオ・ハーン
編訳／池田雅之

怪異、愛、悲劇、霊性——アメリカから日本時代に至るまで、人間の心や魂、自然との共生をめぐる、ハーン一流の美意識と倫理観に彩られた代表的作品37篇を精選。詩情豊かな訳で読む新編第2弾。

角川ソフィア文庫ベストセラー

真景《しんけい》累《かさね》ケ《が》淵《ふち》

三遊亭円朝

根津の鍼医宗悦が貸金の催促から旗本の深見新左衛門に殺された。新左衛門は宗悦の霊と誤り妻を殺害し、非業の死を遂げ家は改易。これが因果の始まりで……続く血族の殺し合いは前世の因縁か。円朝の代表作。

怪談牡丹燈籠・怪談乳房榎

三遊亭円朝

駒下駄の音高くカランコロンカランコロンと。美男の浪人・萩原新三郎の家へ旗本の娘・お露と女中のお米が通ってくる。新三郎が語らうのは2人の「幽霊」であった。怪談噺の最高峰。他に「怪談乳房榎」を収録。

新版 遠野物語

付・遠野物語拾遺

柳田国男

雪女や河童の話、正月行事や狼たちの生態――。遠野郷（岩手県）には、怪異や伝説、古くからの習俗が、なぜかたくさん眠っていた。日本の原風景を描く日本民俗学の金字塔。年譜・索引・地図付き。

雪国の春

柳田国男が歩いた東北

柳田国男

名作『遠野物語』を刊行した一〇年後、柳田は二ヶ月をかけて東北を訪ね歩いた。その旅行記「豆手帖から」をはじめ、「雪国の春」「東北文学の研究」など、日本民俗学の視点から東北を深く考察した文化論。

新訂 妖怪談義

柳田国男

校注／小松和彦

柳田国男が、日本の各地を渡り歩き見聞した怪異伝承を集め、編纂した妖怪入門書。現代の妖怪研究の第一人者が最新の研究成果を活かし、引用文の原典に当たり、詳細な注と解説を入れた決定版。

角川ソフィア文庫ベストセラー

一目小僧その他　柳田国男

日本全国に広く伝承されている「一目小僧」「橋姫」「物言う魚」「ダイダラ坊」などの伝説を蒐集・整理し、丹念に分析。それぞれの由来と歴史、人々の信仰を辿り、日本人の精神構造を読み解く論考集。

山の人生　柳田国男

山で暮らす人々に起こった悲劇や不条理、山の神の嫁入りや神隠しなどの怪奇談、「天狗」や「山男」にまつわる人々の宗教生活などを、実地をもって精細に例証し、透徹した視点で綴る柳田民俗学の代表作。

海上の道　柳田国男

日本民族の祖先たちは、どのような経路を辿ってこの列島に移り住んだのか。表題作のほか、海や琉球にまつわる論考8篇を収載。大胆ともいえる仮説を展開する、柳田国男最晩年の名著。

日本の昔話　柳田国男

「藁しび長者」「狐の恩返し」など日本各地に伝わる昔話106篇を美しい日本語で綴った名著。「むかしむかしあるところに――」からはじまる誰もが聞きなれた昔話の世界に日本人の心の原風景が見えてくる。

日本の伝説　柳田国男

伝説はどのようにして日本に芽生え、育ってきたのか。「咳のおば様」「片目の魚」「山の背くらべ」「伝説と児童」ほか、柳田の貴重な伝説研究の成果をまとめた入門書。名著『日本の昔話』の姉妹編。

角川ソフィア文庫ベストセラー

日本の祭
柳田国男

古来伝承されてきた神事である祭りの歴史を「祭から祭礼へ」「物忌みと精進」「参詣と参拝」等に分類し解説。近代日本が置き去りにしてきた日本の伝統的な信仰生活を、民俗学の立場から次代を担う若者に説く。

毎日の言葉
柳田国男

普段遣いの言葉の成り立ちや変遷を、豊富な知識と多くの方言を引き合いに出しながら語る。なんにでも「お」を付けたり、二言目にはスミマセンという風潮などへの考察は今でも興味深く役立つ。

先祖の話
柳田国男

人は死ねば子孫の供養や祀りをうけて祖霊へと昇華し、山々から家の繁栄を見守り、盆や正月にのみ交流する——膨大な民俗伝承の研究をもとに、古くから日本人に通底している霊魂観や死生観を見いだす。

海南小記
柳田国男

大正9年、柳田は九州から沖縄諸島を巡り歩く。日本民俗学における沖縄の重要性、日本文化論における南島研究の意義をはじめて明らかにし、最晩年の名著『海上の道』へと続く思索の端緒となった紀行文。

火の昔
柳田国男

かつて人々は火をどのように使い暮らしてきたのか。火にまつわる道具や風習を集め、日本人の生活史をたどる。暮らしから明かりが消えていく戦時下、火の文化の背景にある先人の苦心と知恵を見直した意欲作。

角川ソフィア文庫ベストセラー

妹の力

柳田国男

かつて女性は神秘の力を持つとされ、祭祀を取り仕切っていた。預言者となった妻、鬼になった妹――女性たちに託されていたものとは何か。全国の民間伝承や神話を検証し、その役割と日本人固有の心理を探る。

桃太郎の誕生

柳田国男

「おじいさんは山へ木をきりに、おばあさんは川に洗濯へ――」。誰もが一度は聞いた桃太郎の話。そこには神話時代の謎が秘められていた。昔話の構造や分布などを科学的に分析し、日本民族固有の信仰を見出す。

昔話と文学

柳田国男

「竹取翁」「花咲爺」「かちかち山」などの有名な昔話（口承文芸）を取り上げ、『今昔物語集』をはじめとする説話文学との相違から、その特徴を考察。丹念な比較で昔話の宗教的起源や文学性を明らかにする。

小さき者の声
柳田国男傑作選

柳田国男

表題作のほか「こども風土記」「母の手毬歌」「野草雑記」「野鳥雑記」「木綿以前の事」の全6作品を一冊に収録！　柳田が終生持ち続けた幼少期の直感やみずみずしい感性、対象への鋭敏な観察眼が伝わる傑作選。

柳田国男　山人論集成

柳田国男
編／大塚英志

独自の習俗や信仰を持っていた「山人」。柳田は彼らに強い関心を持ち、膨大な数の論考を記した。その著作や論文を再構成し、時とともに変容していった柳田の山人論の生成・展開・消滅を大塚英志が探る。